L'eau au jardin

Les bons gestes pour la Terre

*Je dédie ce livre à mes grands-pères Émile et Sosthène,
pour leurs potagers, à Jacques mon oncle jardinier,
à Christophe mon mari, pour avoir partagé avec moi
son amour des plantes, et à mes fils Jules, Léo et Basile...
qui apprécient beaucoup les carottes du jardin !*

Conception graphique : Iris Glon

Retrouvez toutes nos parutions sur www.editionsaubanel.fr

L'eau au jardin

Les bons gestes pour la Terre

Textes d'Anne Valéry
Photographies de Patrick Smith
Croquis d'Yves Poyet

Aubanel

Sommaire

Nos jardins nous ressemblent. Ils ont le même cycle de vie que nous : ils respirent, se nourrissent, s'adaptent, s'épanouissent, progressent, se reproduisent et prolifèrent.
Les jardins sont à notre image. Ils réagissent comme nous : ils se font beaux pour l'été, et se cachent quand vient l'hiver. Ils aiment quand on les bichonne, et se fanent quand on les délaisse.
Mais s'il ne fallait retenir qu'un seul dénominateur commun entre ces deux miracles de la nature, si différents et pourtant si dépendants l'un de l'autre, c'est un besoin auquel nous ne pouvons nous soustraire, tant il est vital : c'est notre besoin quotidien en eau.

Depuis toujours, l'eau nous habite, nous porte et nous nourrit. Elle est à la fois notre combustible et notre petit instant de plaisir. Notre corps en est constitué aux deux tiers, exactement comme la Terre. Sans ce liquide simple et élémentaire, nous ne serions rien. Nous lui devons tout.
Et pourtant, l'eau, source de toute vie, est aujourd'hui une denrée rare et précieuse. Alors qu'en amont des glaciers fondent, des lacs disparaissent et la banquise se brise, en aval, la consommation d'eau dans le monde ne cesse de croître... Au final, la Terre consomme plus d'eau qu'elle n'en produit. Nous devons donc réagir, avant d'avoir à en subir les conséquences.

À l'échelle d'un jardin, nous avons les moyens d'agir.
Vous êtes l'heureux propriétaire d'un jardin, d'un parc, d'une serre, d'un potager, d'une terrasse, ou d'un simple balcon ? Dans tous les cas, des économies d'eau sont possibles !

Avec les nouvelles solutions d'arrosage proposées par les spécialistes, comme le fameux système goutte-à-goutte ou le tout récent AquaContour de Gardena, l'arrosage est localisé et les consommations d'eau sont parfaitement maîtrisées. Associé à un programmateur et à une sonde d'humidité, tout est automatique, tout est sous contrôle, tout est plus facile... Il ne vous reste plus qu'une seule chose à faire : ouvrir le robinet !

Mais pourquoi devrions-nous utiliser de l'eau courante qui coûte cher en traitement alors que l'on dispose à portée de main d'une eau claire, gratuite et abondante ? Ainsi, pour faire des économies tout en préservant l'eau, l'idéal est de pouvoir coupler toute cette installation avec un système de récupération d'eau de pluie. Et le mécanisme est simple : l'eau est récupérée directement de votre gouttière dans un collecteur et grâce à d'ingénieuses pompes, vos différents arroseurs et terminaux d'arrosage sont alimentés automatiquement.
En acheminant l'eau de pluie aux endroits les plus vitaux, vous rendez à la nature ce qu'elle vous offre de plus précieux...

L'émergence de ces nouvelles solutions d'arrosage plus intelligentes et écologiques bouleverse petit à petit notre façon d'appréhender et de concevoir le jardin, et en redessine au fur et à mesure les principaux contours.
Le jardin vit peut-être une nouvelle mutation. À nous de faire en sorte qu'elle soit réussie.

VINCENT RINIÉ
Directeur Husqvarna Consumer Product Europe du Sud

Le jardinage... une merveilleuse école d'humilité et de patience !

J'ai eu la chance d'avoir des grands-pères jardiniers, de connaître, dès mon enfance le goût incomparable des carottes juste arrachées du potager... Mais aussi de comprendre bien vite que les bienfaits de la terre, cette périodique et aléatoire abondance, n'étaient pas juste un don du ciel... Dans la terre de la carotte, il y avait tout le travail de ces hommes, leur attention, leurs soins de tous les instants pour obtenir une belle récolte... À cette époque, et je ne suis pas vraiment une vieille dame, aucun jardinier de la campagne n'aurait utilisé l'eau « de la ville » pour arroser ses salades ! Elle coûtait bien trop cher pour ces gens modestes, laissait de vilaines traces de calcaire sur les feuilles des légumes et puis elle était potable et donc précieuse comme tout ce qui nourrit l'homme. Dans chaque jardin il y avait un puits ou une citerne, un grand tonneau dans lequel tombaient les eaux ruisselant du toit, une fontaine, des tuiles qui conduisaient l'eau aux plantations. Aucune goutte d'eau n'était perdue !

Puis l'eau « courante » est arrivée... À la place de l'arrosoir rempli à même la cuve, ou de l'eau puisée dans le puits, on a juste ouvert le robinet et les carottes, quand il en restait, n'ont plus eu le même goût ! Car à la même époque, bien des potagers se sont transformés en de superbes carrés de pelouse, grasse et bien arrosée, aux couleurs aussi vertes que des photos retouchées...

Avec l'engouement actuel pour le jardinage naturel, avec l'indispensable attention que nous devons porter à notre environnement, avec l'espoir que nous transmettrons à nos enfants une planète encore vivable, nous sommes de plus en plus nombreux à penser qu'ouvrir le robinet et irriguer son jardin avec de l'eau potable semblera, dans quelques petites années, totalement insensé. Imaginez qu'au niveau mondial, un habitant sur trois souffre d'un manque d'eau et que nous, nous continuons à arroser nos pelouses, nous lavons nos voitures sans économiser la moindre goutte !

Loin de moi l'idée d'avoir une vision passéiste, de ne voir ces pratiques qu'au travers du prisme d'une soi-disant harmonie parfaite et oubliée entre l'homme et la nature. L'arrosage était un travail dur et plutôt longuet... Nous avons à notre disposition aujourd'hui des moyens de nous simplifier la tâche, notamment avec l'arrosage automatique, et serions bien bêtes de ne pas en profiter... tant que nous restons dans une logique de respect de l'environnement !

C'est ainsi que j'ai conçu ce livre, un ouvrage pratique, je l'espère, qui, sans oublier des gestes millénaires et souvent très respectueux de l'environnement, vous permettra de découvrir et d'utiliser à bon escient des techniques sophistiquées d'arrosage qui facilitent le jardinage, d'arroser en toute bonne conscience mais aussi de saisir la relation intime entre plante, terre et climat. Ce que les jardiniers pressés d'aujourd'hui ont trop tendance à négliger, voire oublier !

Concevoir un jardin et notamment un premier jardin, c'est un peu comme commencer une histoire d'amour... On s'y engage souvent sur la pointe des pieds, en tâtonnant, enthousiaste mais un peu inquiet.

Avant de choisir les plantes, il vous faudra prendre en compte le sol, trouver les végétaux indicateurs, évaluer le potentiel de la terre, sa texture, ses capacités physiques et chimiques.

Vous serez aussi attentif au climat, recherchant dans votre jardin les coins abrités pour les plantes les plus fragiles, les zones ensoleillées pour les frileuses ou un abri bien ombré qui conviendrait à celles qui craignent le soleil. Vous découvrirez aussi les hasards du ciel, les grandes ondées régénératrices qui succèdent à des périodes de sécheresse durant lesquelles vos protégés risquent de souffrir s'ils ne sont pas bien implantés ou bien choisis. Mais aucun jardin ne peut exister sans l'eau, c'est donc aussi un espace où vous serez confronté à des cas concrets et pratiques d'arrosage... Du petit semis qui demande sa ration quotidienne d'eau au bel arbre solitaire qui craint une sécheresse prolongée...

J'espère que vous pourrez picorer des exemples simples et reproductibles, des conseils et des savoir-faire qui vous permettront de réaliser non seulement le jardin de vos rêves, mais aussi un jardin parfaitement intégré dans son milieu et respectueux de l'environnement.

LES FORTUNES DE LA TERRE

Une eau précieuse

Surnommée « la planète bleue » depuis qu'elle est ainsi apparue aux premiers astronautes, la Terre est la planète du système solaire où l'eau, tant en surface que dans son atmosphère, est la plus abondante.
Elle arrive au robinet, on la puise dans nos puits, on la récupère des toitures... Mais comment l'eau chemine-t-elle entre ciel, mer et terre pour nous dispenser ses bienfaits ?

LE CYCLE DE L'EAU
L'eau est en perpétuel mouvement entre les quatre grands réservoirs de l'hydrosphère que sont les mers et océans, les eaux continentales superficielles ou souterraines, l'atmosphère et la biosphère avec, comme énorme moteur, le soleil dont l'énergie thermique active et maintient constamment les masses d'eau en mouvement. Ce cycle se divise en deux parties étroitement imbriquées :
- *une partie atmosphérique* avec la circulation de l'eau dans l'atmosphère, sous forme de vapeur d'eau provenant essentiellement de l'évaporation et de l'évapotranspiration ;
- *une partie terrestre* avec les précipitations et l'écoulement de l'eau sur les continents, qu'il soit superficiel ou souterrain.
C'est un cycle qui est stationnaire depuis un bon milliard d'années, c'est-à-dire que toute perte d'eau par l'une ou l'autre de ces parties, atmosphérique ou terrestre, est compensée par un gain d'eau pour l'autre partie.

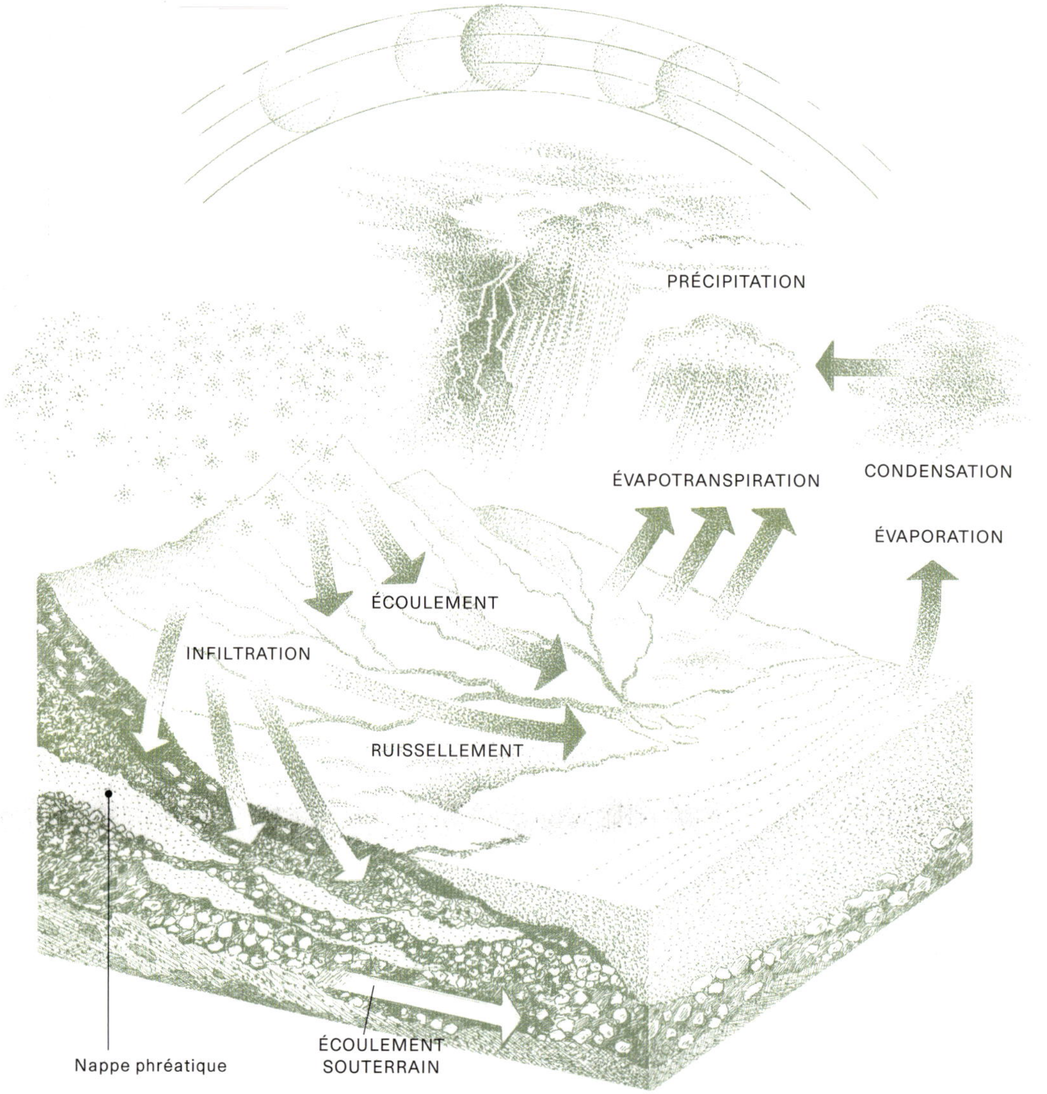

Même si le jardinage est une activité « naturelle » par excellence, son impact sur le cycle de l'eau et sur sa consommation n'est pas négligeable.

Calcul simple :

Sachant qu'un asperseur consomme approximativement 40 litres d'eau par heure, et si l'on en compte une dizaine pour un jardin moyen, cela consomme en une heure 400 litres d'eau. Sachez qu'il y a environ treize millions de jardins en France, cela vous donnera une idée de l'énorme potentiel d'économie... ou de gaspillage !

L'eau étant désormais une ressource précieuse, si l'arrosage au jardin est nécessaire au moment des semis et pendant la période estivale, il est de notre responsabilité à tous qu'il soit aussi économique qu'efficace. Pour cela voici quelques conseils.

Quand arroser ?

- Arrosez le soir, le plus tardivement possible, de façon à ce que le sol soit plus frais, ce qui évite une évaporation immédiate de l'eau à son contact. En plein soleil, c'est 80 % de l'eau qui s'évapore avant même que les plantes n'en profitent ! (Pensez au programmateur raccordé au nez du robinet. Il s'utilise avec tous les systèmes d'arrosage de surface.)
- Vous arroserez dès que l'humidité de surface a disparu, lorsque la terre se fendille ou que les feuillages se flétrissent (point de flétrissement).
- Attention ! la pluie n'arrose pas forcément en quantité suffisante, seules les pluies supérieures à 10 l/m^3 permettent aux plantes de boire correctement.
- Si vous avez des doutes, utilisez une sonde qui vous fera économiser de l'eau, car elle tient compte du taux d'humidité du sol dans la programmation de l'arrosage.

Bon à savoir > Il est toujours agaçant pour le jardinier d'arroser juste avant la pluie ! Pour prévoir assez précisément les averses, les anciens étaient des champions. Combien de dictons, de comptines du savoir populaire nous renseignent sur cet épisode attendu souvent avec impatience et angoisse. Vous pouvez téléphoner à Météo France dont la station régionale vous renseigne de manière assez précise sur votre zone... Mais vous pouvez aussi observer la nature : une pomme de pin qui se ferme, des poissons qui sautent à la surface de l'eau, les hirondelles qui volent bas... Autant de signes avant-coureurs qui ne trompent pas.

Depuis la nuit des temps, les jardiniers ont découvert les vertus du paillage, cette couche d'écorce de pin, de copeaux de bois, de paillettes de lin, de déchets de tonte, de paille, bref de matières organiques, étendue au pied des plantes sur une épaisseur de 5 à 10 centimètres.
Le paillis agit comme une sorte d'éponge qui retient l'eau et les nutriments dans le sol et bloque les effets du soleil et du vent en réduisant l'évaporation de plus de 70 %. Pour les plantes vivaces, broyez les résidus de taille provenant d'arbres et d'arbustes feuillus et utilisez de préférence des matières riches en azote, comme le gazon coupé, au potager et dans les plates-bandes de fleurs annuelles. Le paillis favorise la croissance saine des végétaux, prévient l'assèchement des racines peu profondes et stabilise la température du sol, afin de maintenir des températures plus fraîches au niveau des racines en été tout en protégeant le sol contre les fluctuations importantes de la température en hiver. Le paillage est également très efficace pour les pots et bacs en plein soleil. De plus, il attire les vers de terre qui creusent des tunnels dans le sol, lui permettant ainsi de s'aérer et de mieux absorber l'eau.
Outre cet effet « couverture de survie », le paillis permet un efficace contrôle des mauvaises herbes, car son épaisseur en réduit la germination et la croissance, espaçant la corvée de désherbage et éliminant ainsi le besoin d'utiliser des herbicides.

- Ce n'est peut-être pas très gentil... mais laissez un peu souffrir vos plantes entre deux arrosages ! Il vaut mieux arroser copieusement tous les trois ou quatre jours selon la nature de la terre et des plantes, que parcimonieusement tous les jours. Du coup, le système racinaire se développera en profondeur, ce qui permettra à vos plantes de mieux résister, le cas échéant, à un épisode de sécheresse.

Qui arroser ?

- Les jeunes plants demandent plus d'arrosage que des plantes bien installées.
- En pot ou en bac, pendant les périodes de forte chaleur, vos plantes demandent un arrosage presque quotidien.
- Certaines plantes, comme les rosiers, les tomates ou les cucurbitacées au potager, sont sensibles aux maladies cryptogamiques. Lors de l'arrosage, ne mouillez pas leur feuillage.

Comment arroser ?

- Pour le jardin, la meilleure eau, la plus écologique, est l'eau de pluie, d'où l'intérêt du récupérateur d'eau sous une gouttière.
- Par aspersion, avec un tuyau équipé d'un pistolet, d'un fusil arrosoir ou d'un arroseur oscillant.
- Par micro-irrigation avec un système de goutte-à-goutte et de buses, des tuyaux poreux ou des goutteurs incorporés.
- Arrosez doucement pour que le substrat soit bien imprégné par l'eau, sans risque d'être lessivé.
- Globalement, pour qu'il y ait le minimum de perte d'eau, on estime que sur les sols à texture lourde, l'irrigation ne devra pas dépasser 5 mm/h, sur ceux de texture moyenne 10 mm/h et 15 mm/h pour les sols légers.

L'eau du robinet, loin d'être la panacée

Soit, ouvrir le robinet reste, pour nous, le geste le plus simple ! Mais outre son aspect fort peu écologique pour le jardin – pensez à tous les traitements nécessaires pour rendre cette eau potable – elle n'est pas particulièrement adaptée aux plantes. En effet, elle arrive froide, ce que les végétaux détestent, et souvent calcaire, ce qui s'avère redoutable pour la micro-irrigation dont les petites buses vont rapidement se boucher.

double page suivante :
Le Prieuré d'Orsan

La topologie du terrain

La forme de votre terrain, ses différents niveaux, son exposition devront être pris en compte dans la conception globale et pratique de votre jardin.

L'analyse par l'observation

Pour un jardin sobre et un arrosage aussi discret qu'efficace, il est indispensable d'identifier certains points. Pour cela, installez-vous confortablement et observez votre parcelle, puis faites-en un plan précis sur lequel vous mentionnerez soigneusement :

- *la course du soleil*, c'est-à-dire l'orientation générale du terrain avec les différentes zones d'ensoleillement et leur durée ;
- *les zones d'ombres* qu'apportent les bâtiments mais aussi les arbres et les haies ;
- *les pluies et vents dominants* en étudiant les mousses sur les arbres ;
- *les points les plus hauts, les cuvettes et les variations de niveaux* qui vont probablement induire un système hydrique différent.

Pour vous aider dans la mise en place de cette organisation, utilisez la technique du zonage, en localisant les activités qui demandent le plus de soin et de présence à proximité immédiate de la maison. Par exemple, toute bonne cuisinière vous dira qu'il ne faut pas installer ses plantes aromatiques à 100 mètres de la cuisine !

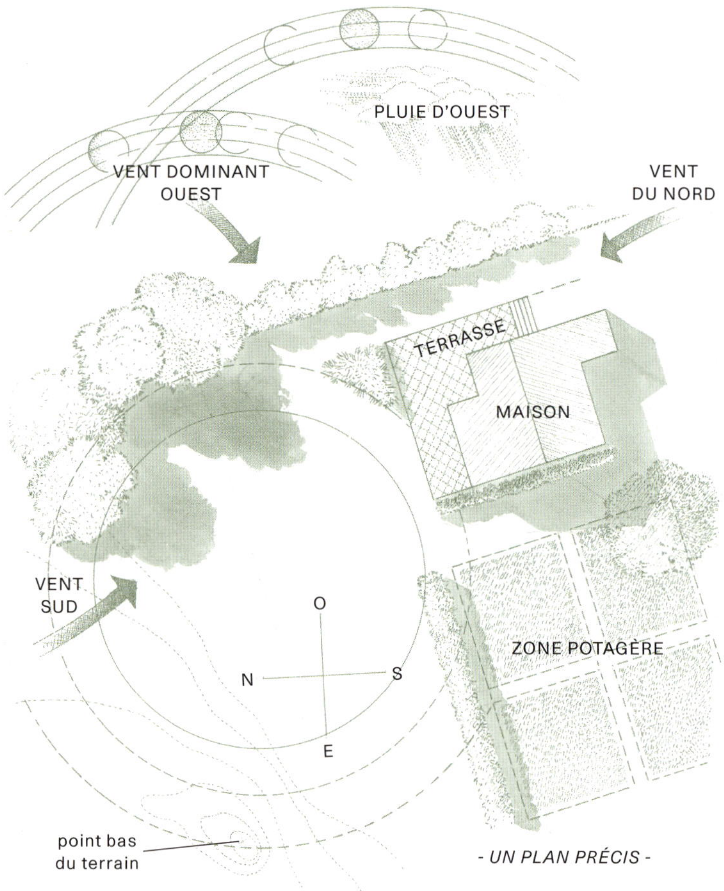

- UN PLAN PRÉCIS -

Bon à savoir > Pour les arbres, au lieu de créer la cuvette de plantation habituelle qui permet au jeune arbre de conserver l'humidité de l'eau, plantez-le sur une butte en maintenant le collet à une hauteur de 5 à 10 centimètres du niveau initial du sol.

page de droite : Ambiance Jardin

Gérer les extrêmes

Tout au long de ce livre, nous nous pencherons sur la gestion de l'eau lorsqu'elle est rare... Mais il est possible de se trouver également dans la situation inverse, c'est-à-dire de devoir créer un jardin, travailler une terre périodiquement gorgée d'eau.

Que ce soient des marais continentaux ou côtiers, des étangs et leurs rives marécageuses, un pré humide qui borde une rivière et reste inondé tout l'hiver, vous devez compter avec ces milieux pour créer un jardin respectueux de l'environnement. Et plutôt que de vouloir adapter l'environnement à vos désirs... adaptez donc votre jardin au terrain ! Les zones humides possèdent une flore – et une faune – extraordinaires de diversité et de richesse, profitez-en.

Par contre, vous pouvez avoir recours à différents procédés pour drainer certaines surfaces en installant un potager ou une bordure d'annuelles, par exemple, très gourmands en eau.

L'astuce la plus simple et la plus efficace consiste à planter une haie ou des arbres. En effet, il faut savoir qu'un mètre linéaire de haie évapore 3 m^3 d'eau par an, et chaque arbre plusieurs dizaines de m^3 par jour en été. Employez avec beaucoup de prudence les variétés exotiques, type bambous, aux redoutables rhizomes souterrains, et utilisez de préférence les espèces indigènes, de celles que vous avez observées durant vos promenades en bordure de rivière ou d'étang. Vous serez ainsi certain de ne pas vous tromper.

Vous pouvez aussi planter vos potagères sur de petites buttes de terre, des billons, d'une dizaine de centimètres de haut et d'une largeur suffisante pour recevoir deux à trois rangs de plantes. Elles seront séparées par des allées en creux.

page de gauche :
Jardin Robert Schuman

Les différentes terres

Non, toutes les terres de jardin ne sont pas identiques ! Et selon la région, mais aussi la topologie du terrain, si celui-ci est exposé au vent ou ombragé d'arbres imposants, la terre de votre jardin ne se comportera pas de la même manière face à l'arrosage. Avant même d'imaginer comment aménager votre petit paradis et choisir les plantes qui s'y épanouiront, il est indispensable d'identifier le type de terre que vous rencontrerez.

Même dans des jardins relativement petits, vous pouvez trouver différents types de sols. Et c'est encore plus vrai pour les grands terrains ! Quelques critères simples, des plantes indicatrices, permettent, à qui sait observer, de déterminer assez facilement la nature d'un sol.

Les quatre types de terre

La première, l'idéale, celle qui résulte d'un équilibre entre les différentes composantes, reste **la terre franche**, appelée aussi terre de jardin. Elle sera d'un beau brun foncé, assez perméable, meuble, aérée, riche en éléments nutritifs, d'une structure friable et grumeleuse. C'est un mélange dont la composition correspond très bien aux besoins des végétaux qui y poussent sans souci.

La terre franche contient environ 65 % de silice (c'est-à-dire du sable), 20 % d'argile, 10 % de calcaire et 5 % d'humus. Elle retient l'eau, sans être trop imperméable, grâce à l'argile qui en favorise la rétention et au sable qui la draine. La présence de calcaire la rend facile à travailler, aérée et malléable. Sa teneur équilibrée en humus, sa cohésion et sa vie microbienne permettent à un maximum de plantes de s'épanouir... Un vrai bonheur pour les jardiniers qui vont évidemment la rechercher en priorité ou tenter d'en être le plus proche, en ajoutant des amendements, lorsque leur sol n'a pas cette qualité.

L'analyse par l'observation

Évidemment, vous pouvez choisir de prélever un peu de terre de votre jardin et la faire analyser par un laboratoire spécialisé... Ce qui coûte relativement cher, mais sera plein d'enseignements, notamment si c'est votre premier jardin. Mais vous pouvez aussi dégrossir le travail et faire preuve d'observation. Une flore spécifique s'épanouit sur chaque type de terrain, permettant au jardinier amateur mais attentif de déterminer la qualité de son sol.

Voici un petit test : Dans un verre d'eau, versez une poignée de terre écrasée et secouez vigoureusement avant de laisser reposer. Au fond se déposent les sables grossiers, puis les sables plus fins. Au-dessus se décante lentement une matière en suspension jaune, brune ou grise. C'est l'argile. Lorsque cette expérience est réalisée avec de la terre noire de jardin et que des débris végétaux non décomposés surnagent, c'est de l'humus. Vous pouvez, dès lors, estimer approximativement les proportions.

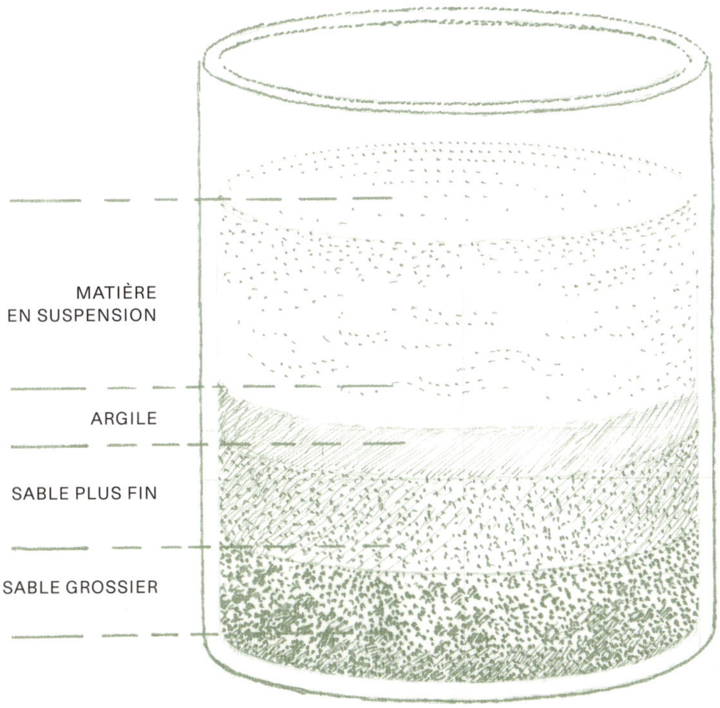

Bon à savoir > Lorsque l'on parle de « type de terre », on tient compte de sa composition physique, sa texture qui associe des éléments minéraux de tailles diverses (du plus gros au plus fin : caillou, sable, limon, argile...) ; des éléments fertilisants, qui entrent dans sa composition chimique (comme l'azote, le phosphore, la potasse, le soufre, le fer ou le manganèse) et conditionnent le bon fonctionnement des mécanismes de fixation et d'échanges de substances nutritives entre le sol et la plante ; et enfin des éléments organiques (racines, débris végétaux ou animaux, vers de terre et autres petites bêtes du sol). La décomposition de ces éléments forme l'humus. N'oublions pas les vides, indispensables pour laisser la place aux racines et permettre la circulation de l'air et de l'eau dans le sol.
La fertilité d'un sol est donc le résultat de toute cette alchimie sophistiquée... Et cette analyse est très importante pour apprécier le comportement de votre sol, sa perméabilité face à l'arrosage, sa fertilité et les plantes que vous allez pouvoir y installer.

page de gauche : Festival des Jardins de Chaumont-sur-Loire

Et puis il y a les autres terres, pas ingrates mais simplement plus typées, donc imposant un choix particulier de plantes et de pratiques. Ces sols sont caractérisés par une forte proportion d'un de leurs composants. **La terre sableuse** va avoir une fâcheuse tendance à ne pas retenir l'eau, laissant passer par la même occasion les éléments nutritifs. Les plantes gourmandes, comme les potagères par exemple, vont alors nécessiter des apports d'éléments nutritifs et un mode d'arrosage soigné. **La terre argileuse**, au contraire, va constituer des poches où l'eau risque de stagner, entraînant le pourrissement des végétaux mal adaptés. Elle est collante, difficile à travailler et a besoin d'être aérée en profondeur. Quant à **la terre humifère**, très riche en humus, résultat de la décomposition des matières organiques d'origine végétale et animale, elle ne présente pas forcément de problème face à l'arrosage sauf lorsque, cas extrême comme la tourbe, elle a des difficultés à se réhydrater après séchage.

La composition chimique… calcaire ou acide ?

Le caractère acide ou calcaire (on dit aussi « alcalin ») d'un sol est lié à la teneur respective des acides et bases apportés par l'humus et le calcaire. Ce caractère est donné par une valeur chimique appelée le pH (potentiel hydrogène). Un pH de 7 reflète la neutralité, une mesure inférieure à 7 dénote un sol acide, et supérieure un sol alcalin. Pour avoir une idée du pH, c'est-à-dire du taux de calcaire, il suffit de verser quelques gouttes d'acide chlorhydrique sur une poignée de terre en faisant attention aux yeux, aux mains et aux vêtements ! Si ça mousse, c'est qu'il y a du calcaire. Si ça ne mousse pas, vous êtes plutôt en présence d'un sol acide. Il existe aussi des tests vendus dans le commerce avec lesquels vous pourrez plus précisément vérifier le pH.

Souvent assimilé par les jardiniers à une véritable calamité, un sol est considéré comme calcaire lorsque la terre contient de 10 à 30 % de calcium. Toujours associé à de l'argile, cela donne une terre relativement collante. À l'opposé, une terre acide, originaire des sous-bois riches en sable et des landes sableuses, est légère, composée de silice, d'humus, mais surtout elle possède un taux de calcaire pratiquement nul.

L'analyse par l'observation

Lorsqu'il y a une très forte proportion de calcaire, le sol est souvent blanchâtre, d'aspect crayeux, léger et clair, se desséchant rapidement en été, avec de grandes craquelures caractéristiques. Autre indicateur, vous aurez beau ôter les nombreux cailloux, ils remontent en permanence à la surface, faisant ressembler le jardinier à un pauvre Sisyphe ! Trèfle blanc et coquelicot, bleuet, buis, camomille sauvage, chardon, chêne, charme, cytise, genévrier, merisier, noyer, prunellier, sorbier, sureau, tussilage… colonisent les terres calcaires.

La terre acide est plutôt sombre et surtout légère, formée par la décomposition des bruyères avec des restes de débris végétaux. Pour ce type de terre, voici quelques exemples de plantes indicatrices : ajonc, rumex, bruyère commune (calluna), châtaignier, chrysanthème des moissons, fougère grand aigle, genêt, mousse, myrtillier, petite oseille, pin sylvestre, pin maritime, prêle, ravenelle…

Les remèdes

Dans le cadre d'un jardin écologique, c'est-à-dire respectueux de son environnement, vous ne transformerez pas la nature de votre sol. C'est à vous de vous adapter par un choix judicieux de plantes. Certaines plantes ont des exigences strictes, comme les plantes dites de terre de bruyère (rhododendron ou azalée) qui ne poussent qu'en sol acide. Alors oubliez dès à présent le travail titanesque des fosses de plantation si votre terre ne leur est pas propice.

Seule exception : le potager, car la plupart des plantes potagères poussent en sol neutre, modérément acide ou alcalin, et c'est ici qu'interviennent les amendements. Effectivement, une fois la qualité de la terre identifiée et ses déséquilibres éventuels appréciés, différents types d'amendements sont disponibles pour en modifier sa structure. Ils s'incorporent en général au cours des travaux de préparation des terrains à la culture, c'est-à-dire en hiver. L'argile et le fumier bien décomposé apportent de la consistance lorsque la terre est trop friable ; le sable et/ou la tourbe la rendent moins compacte si elle est collante, favorisent la pénétration de l'air et de l'eau lorsqu'elle est trop grasse, améliorent la rétention d'eau et la rendent plus facile à travailler. Vous corrigerez un sol calcaire avec des amendements acides qui abaisseront le pH, du fumier bien décomposé et de la tourbe blonde pour améliorer la rétention d'eau.

Bon à savoir > Attention ! ne confondez pas amendement et engrais. On amende sa terre lorsqu'elle présente un déséquilibre dans les éléments qui la composent, mais on ajoute de l'engrais pour reconstituer les éléments nutritifs qui ont été absorbés par les cultures.
Et surtout, si vous devez faire des apports de terre, soyez vigilant sur sa qualité et, en cas de doute, n'hésitez pas à demander une analyse détaillée.

double page suivante : Merriments Gardens

La terre sableuse

Pour l'observateur

La limite entre une terre normale et une terre sableuse est faible... Si la terre franche contient 60 à 65 % de sable, un sol est dit sableux lorsque cette proportion atteint 70 %. Vous reconnaîtrez la terre sableuse par son manque de cohésion et sa couleur beige. Elle est perméable, facile à travailler et file entre les doigts.
Prédominants sur le littoral et les landes, les sols sableux sont très perméables et instables. L'exemple type est celui des Landes ou de la Sologne En dehors des dunes, facilement identifiables et où peu de plantes survivent, les terrains sableux avec un peu d'humus se caractérisent par la présence de fougères, bruyères, genêts, ajoncs et graminées. Dès que la teneur en argile augmente, vous pourrez observer des bouleaux, des pins maritimes, des châtaigniers et des peupliers.

Atouts et inconvénients

C'est une terre facile à travailler, mais qui ne retient ni l'eau ni les engrais que vous apportez, et beaucoup de jardiniers se plaignent de ce type de sol nécessitant une fertilisation et un arrosage réguliers. C'est en partie vrai... pourtant, les sols sableux – s'ils sont peu fertiles et que le moindre coup de vent les déplace – sont aussi les plus faciles à amender avec des apports de compost ou de fumier de bovin bien décomposé. (Évitez la tourbe qui augmentera la rétention d'eau sans pour autant apporter d'éléments fertilisants.) De plus, la terre sableuse se réchauffe vite, dès les premiers rayons d'un soleil printanier, et autorise les cultures primeurs.

ci-contre :
n° 22, Création Christophe Courtois

Pour corriger les excès

Il faut lui donner de la consistance en faisant de gros apports de matières organiques et/ou de terre argilo-calcaire. Si votre jardin est situé très près du littoral avec 95 % de sable, il est important d'alterner les amendements : la première année, faites venir des camions de terre argilo-calcaire. Mélangez bien le tout pour obtenir un sol homogène sur au moins une vingtaine de centimètres de profondeur, surtout dans la partie potagère. Face à 85 à 95 % de sable, il vous faudra épandre 10 à 20 centimètres de terre la première fois. Ne bêchez pas trop profond pour ne pas entraîner la bonne terre. L'année d'après, incorporez du fumier ou du compost. La troisième année, épandez deux fois moins de terre argilo-calcaire. Puis, chaque année, ajoutez du compost ou du fumier pour redonner des éléments fertilisants. N'ajoutez plus d'argile ou de calcaire pour ne pas vous éloigner de la composition de la terre franche, et évitez toujours les labours profonds.

Ce que vous pouvez y planter

- **Arbres** : bouleau, pin, acacia, albizia, eucalyptus, frêne, peuplier, sorbier
- **Arbustes** : rhododendron, camélia, hortensia, berbéris, cotonéaster, cytise, millepertuis et, en général, les plantes acidophiles
- **Fruitiers** : châtaignier, figuier, ronce, vigne
- **Fleurs** : digitale, agapanthe, euphorbe, géranium, phlomis, sedum, l'anémone du Japon et les plantes bulbeuses
- **Potager** : asperge, fraisier, haricot, oignon, radis, salsifis

Côté arrosage

Pour vous éviter la corvée de l'arrosage quotidien et indispensable inhérent à ce type de terre, posez un réseau d'arrosage enterré relié à un programmateur et une sonde d'humidité.

La terre humifère

Pour l'observateur

C'est un sol caractérisé par une forte proportion de matière organique décomposée. Cette terre ressemble à s'y méprendre au terreau et se caractérise par sa couleur noire ou très sombre avec des déchets de végétaux, notamment des fragments de bois non décomposés. C'est une terre légère et spongieuse quand elle est arrosée. Les terrains forestiers correspondent tout à fait à ce type de sol, car les sols humifères se forment sous le couvert des grands arbres. Si votre terrain provient d'une forêt défrichée ou s'il jouxte la lisière d'un bois, il y a de grandes chances que le sol soit riche, voire trop riche en humus. C'est, en quelque sorte, du « terreau naturel ». En observant la flore, vous trouverez des fougères, genêts, bruyères, orties, boutons-d'or ou digitales. La végétation arbustive se développe vite, et vous verrez bien souvent des peupliers et des saules. Et même des champignons lorsque la saison est humide !

Vous pouvez aussi faire un test sur la texture de la terre pour une identification plus sûre. Pour cela, humidifiez une poignée de terre et roulez-la dans vos mains de manière à en faire un boudin. Si cette terre foncée est cassante, ne forme pas de boudin, et a tendance à s'effriter, à noircir les doigts, c'est qu'elle est riche en humus.

ci-dessus : Merriments Gardens

Atouts et inconvénients

Comme les terres sablonneuses, elle se réchauffe rapidement et convient aux cultures hâtives. Riche en azote organique et en carbone, ce sol est un véritable « supermarché » pour les plantes, et la végétation se développe très vite dès que les températures montent dans la saison. C'est un sol très facile à vivre, notamment parce qu'il se travaille sans effort grâce à sa légèreté. Compte tenu de son acidité, il permet la culture de plantes de terre de bruyère sans apport particulier ni fosse de plantation, un classique qui s'impose dans les autres sols.

Mais, l'humus peut retenir plus de 100 % de son poids en eau, et la terre se gorge donc rapidement d'eau, tout en se réhumidifiant difficilement lorsqu'elle est très sèche. Ainsi au-dessus de 20 % d'humus, un sol est considéré comme étant déséquilibré, et contrairement aux idées reçues, il est bien plus difficile d'amender une terre trop riche en humus qu'un sol excessivement argileux ou sableux !

Pour corriger les excès

Terre plutôt acide, vous devez avant tout corriger le pH et le remonter vers la normale en apportant de la chaux vive magnésienne, tous les 2 ou 3 ans. Après le deuxième chaulage, on peut commencer à épandre, tous les ans, un peu de terre argilo-calcaire pour lui donner plus de consistance et du sable tous les deux ans pour améliorer le drainage.

Côté arrosage

Cette terre s'avère généralement spongieuse, sans pour autant devenir imperméable et collante, comme la terre argileuse. Par contre, une fois sèche, elle a bien du mal à se réhydrater, d'où la nécessité d'un arrosage régulier. Là encore, l'installation d'un système de goutteurs semble la panacée.

Ce que vous pouvez y planter

- **Arbres** : peuplier, aulne, saule, châtaignier, liquidambar, magnolia
- **Arbustes** : camélia, azalée, bignone, cytise, houx, pieris, rhododendron
- **Fleurs** : bruyère, colchique, cyclamen d'Europe, gentiane, lis, lupin
- **Potager** : ail, carotte, céleri, fraisier, oseille, poireau, pomme de terre, tomate et toutes les salades
- **Verger** : airelle, framboisier, myrtille, pommier

La terre argileuse

Bon à savoir >
Dans le cas d'un terrain vallonné ou même d'une pente un peu forte dans un petit jardin, deux problèmes peuvent apparaître si le sol est sans végétation : le ravinement de la pente et la stagnation de l'eau constituant une zone très humide, une mouillère. Pour y remédier en partie, n'hésitez pas à creuser un fossé, ou mieux une tranchée drainante en amont de la mouillère (voir schéma). Quant au ravinement, plantez des arbustes, des arbres ou des haies, perpendiculairement à la pente.

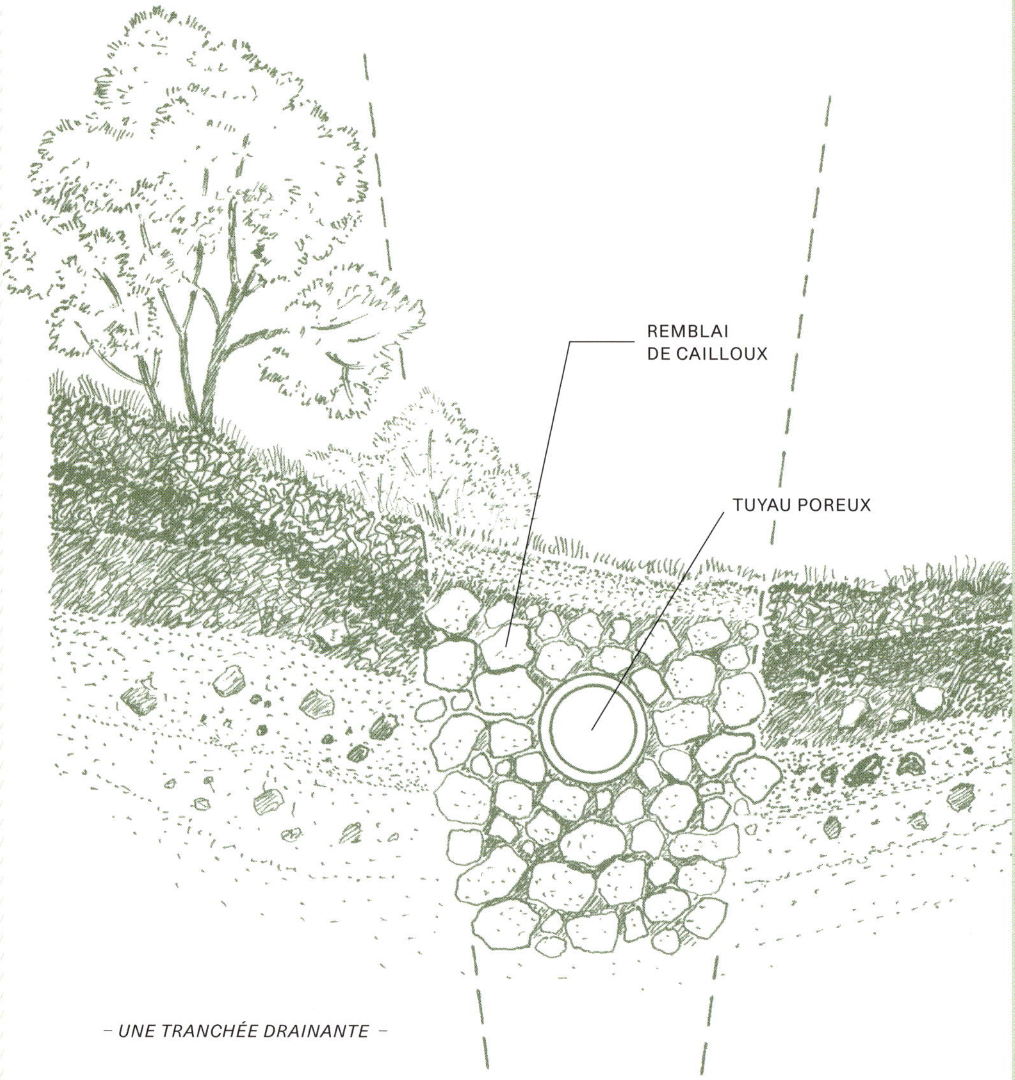

– UNE TRANCHÉE DRAINANTE –

Pour l'observateur

C'est une terre facilement identifiable, car dès que le temps est humide elle colle aux pieds et aux outils. Promenez-vous, après une bonne pluie, dans les terres de Beauce, et vous saurez ce qu'est une terre argileuse ! Ce sont en fait les grains d'argile, minuscules et trop nombreux, qui, par leur action colloïdale, provoquent une grande cohésion de tous les éléments du sol, à la manière d'une colle.

page de droite :
Atelier 110

La rétention de l'eau est alors élevée, mais peut devenir dramatique si le sous-sol est imperméable. Affectionnés par l'oseille, le pissenlit, la grande armoise, le liseron, le plantain, les terrains argileux peuvent pourtant faire un excellent support de culture.

Atouts et inconvénients

Lente à se réchauffer au printemps, à éliminer les eaux de pluie, cette terre est pourtant très riche, surtout en potasse, et ne nécessite que peu d'apports d'engrais. Il suffit d'être patient et de ne pas démarrer ses cultures trop tôt. Commencé fin mai, un potager rattrape vite le temps perdu. Par contre, sous l'action du gel et lors des labours d'hiver, elle se révèle souvent pénible à travailler, avec de grosses mottes de terre lourdes et difficiles à briser.

Corriger les excès

Commencez par drainer les parties les plus détrempées et, si cela ne suffit pas, plantez sur les buttes des arbres et arbustes. Localement, dans les trous de plantation, ajoutez du sable grossier ou du gravillon. Il vous faut également améliorer la structure du sol en apportant du calcaire ou des cendres de bois, puis des éléments organiques, comme du terreau de feuilles, du fumier décomposé, ou du compost maison. Procédez à ces apports de préférence en automne et complétez-les avec un engrais de fond. Pour éviter un manque de calcaire, chaulez légèrement au bout de 3 ans (une à deux poignées par m^2) et recommencer 3 ou 4 ans après. Enfin, et cela est très important pour limiter l'entretien et la prolifération des herbes indésirables, recouvrez la terre nue d'un épais paillis de feuilles mortes, d'écorces de pin – qui aura en plus une action acidifiante – et de paillettes de lin.

Côté arrosage

La rétention d'eau est justement la caractéristique de la terre argileuse, mais ne la laissez pas non plus trop sécher sous peine de rendre votre travail ultérieur long et difficile. L'été, lorsque le sol est bien sec, la pénétration de l'eau lors des pluies violentes s'avère parfois problématique. Utilisez une sonde d'humidité pour déterminer avec le maximum de précision le moment où il faut arroser.

Ce que vous pouvez y planter

- **Arbres** : bouleau, catalpa, peuplier, pommier d'ornement, charme, hêtre, chêne, houx
- **Arbustes** : aubépine, aucuba, groseillier à fleurs, lilas, mahonia
- **Fleurs** : hellébore, pivoine, rose, graminées
- **Légumes** : aubergine, betterave, chou, courge, haricot, laitue, melon, poireau, tomate
- **Verger** : cassissier, framboisier, groseillier, kaki, poirier, prunier, pommier

Travailler avec la Nature

Il n'y a donc pas de terre ingrate puisque chacune a son propre type de végétation. L'idéal reste, autant en termes de respect de cycle naturel que de limitation des contraintes, de partir de la composition de votre sol pour créer votre jardin. De cette manière, il sera bien mieux intégré à son environnement et ne nécessitera que peu d'amendements et un entretien réduit.

Créer un jardin en harmonie avec l'environnement

Lorsqu'on a la chance de s'atteler à la création d'un jardin, aussi modeste soit-il, nous reviennent en mémoire les essences de notre enfance, des plantes admirées chez des voisins ou découvertes lors d'une visite. Nous avons déjà en gestation un véritable catalogue dans la tête... Pourtant, avant même de concevoir les masses qui vont architecturer cet espace et donc de sélectionner les espèces qui le composeront, vous devez observer la végétation « naturelle » alentour, la composition des haies et des forêts avoisinantes, les plantes qui peuplent les talus et les fossés... Bref, celles qui vont se sentir dans leur élément et qui vous permettront de rester dans la cohérence d'un jardin inscrit dans une écologie durable.

Le choix des plantes

Évidemment, vous allez vous faire plaisir en introduisant telle ou telle variété de plantes un peu rare ou que vous aimez particulièrement, créer aussi une zone enherbée devant la maison... Toujours dans cette optique de limitation des arrosages et de respect de l'environnement, vous opterez alors pour des plantes adaptées à votre sol et peu gourmandes en eau.

ci-contre : Les Jardins de Viels-Maisons

Dans les massifs, vous trouverez un large choix d'annuelles ou bisannuelles à semer qui ne demandent que l'eau du ciel, comme les roses trémières, les eschscholzias aux belles couleurs jaune et orangé, les belles-de-nuit, zinnias et nigelles de Damas... Les jardinières traditionnelles de géraniums ou pétunias étant de perpétuelles assoiffées, essayez les plantes grasses ou succulentes comme les sedums, les joubarbes, mais aussi les érigérons, les mufliers, les giroflées... À l'ombre, plantez fougères ou fumeterres jaunes.

Et la pelouse ?

Quant à la pelouse, oubliez le tapis vert 12 mois sur 12, et choisissez des variétés qui résistent à la sécheresse et limitent l'entretien. Associez aux graminées classiques, qui composent le gazon, des espèces plus rustiques, voire même des espèces de substitution, plus résistantes, moins communes et surtout moins exigeantes en eau. Sachez simplement qu'un tel jardin vous demandera certainement un peu plus de recherche, de réflexion et de tâtonnements que si vous décidiez d'acheter un chariot de plantes et un sac de gazon à la jardinerie du coin !

Côté arrosage

Quoi que l'on fasse, les jeunes plantes ont toutes besoin d'une certaine dose d'eau pour assurer leur démarrage et leur reprise. Mais un apport ponctuel ne ressemble pas à un arrosage quotidien ! Grâce à la récupération des eaux pluviales (voir p. 84) vous disposez d'une bonne réserve et pouvez, sans scrupule, arrosez vos jeunes plants.

Un potager malin

C'est probablement l'espace du jardin le plus gourmand en eau ! Les potagères ont un développement rapide et nécessitent une humidité pratiquement constante de leur système racinaire... mais le jardinier respectueux de l'environnement a d'astucieux moyens de limiter les arrosages, notamment grâce au paillage et au travail de la terre.

LES HASARDS DU CIEL

L'eau et la plante

L'eau reste la base même de la composition tant du sol que des plantes… Elle renferme les éléments nutritifs, solubles en son sein et indispensables à la croissance des végétaux, et permet aussi leur absorption.

Le stress hydrique

Pour que la plante puisse vivre, il est indispensable que, dans le volume de terre occupé par les racines, l'eau et l'air soient simultanément présents. L'eau pour assurer la turgescence*, la production de matière végétale et la circulation des éléments nutritifs ; l'air pour que les racines respirent. Lors des fortes chaleurs, nous avons tous observé certaines plantes, pas très « en forme », comme prostrées et dont les feuilles se flétrissent. Les effets du stress hydrique sont souvent irréversibles ou compromettent sévèrement la croissance et la floraison, il ne faut pas attendre de voir apparaître les premiers symptômes pour agir.

Une observation attentive

Une attaque des racines par des parasites, certaines maladies ou même un excès d'eau peuvent provoquer le même effet chez les végétaux. En cas de doute, livrez-vous à ce test : creusez le sol sur une trentaine de centimètres pour observer l'état d'humidité dans l'espace occupé par les racines. Vos arrosages sont peut-être fréquents mais insuffisants, maintenant simplement une humidité en surface et non en profondeur. À l'inverse, avec l'effet de battance, la formation d'une croûte de surface sous l'effet d'une pluie intense, le sol peut être sec en surface, mais humide, voire gorgé d'eau au niveau des racines… Pour vous simplifier la vie, utilisez une sonde d'humidité qui vous renseignera sur l'état du sol.

Bon à savoir > Pour fixer un ordre de grandeur, on estime qu'en Europe, par beau temps et en période estivale, la consommation d'eau correspondant à l'évapotranspiration d'un jardin d'agrément en cours de croissance est de 6 litres d'eau par jour et par mètre carré !

L'eau, l'atmosphère et la plante

Comme les animaux et les hommes, les plantes transpirent. L'évapotranspiration est la quantité d'eau qui disparaît dans l'atmosphère sous forme de transpiration et d'évaporation directe à partir du sol et des feuilles. Elle est liée à l'espèce végétale, au sol et aux conditions atmosphériques. En bref, s'il fait très chaud, que le soleil est brûlant, que l'air est sec et le temps venteux, vos plantes risquent de souffrir. Vous devez être extrêmement vigilant pour leur offrir un arrosage en quantité suffisante.

Une réponse ponctuelle

Lors de très fortes chaleurs, accompagnées d'un vent brûlant, il arrive que le système racinaire de certaines plantes – bien que normalement alimenté en eau – ne parvienne pas à compenser la transpiration des feuilles qui se dessèchent... Si ce n'est pas une inadaptation de l'espèce au climat et/ou à l'exposition, vous pouvez pallier ponctuellement ce problème en ombrant la plante avec des branchages ou en la maintenant sous une pulvérisation d'eau durant les heures les plus chaudes. Pour cela, installez en urgence un micro-asperseur multisurface, monté sur un tube prolongateur qui vous permet de gagner en hauteur.

Pluviométrie, températures et zones de rusticité des plantes

Les précipitations

Même si toutes les régions françaises sont propices à l'implantation de réservoirs d'eau de pluie, la grande disparité géographique des précipitations, tant du point de vue quantitatif que de sa répartition, est à prendre en compte pour le dimensionnement de la réserve.

Les zones montagneuses présentent le double avantage de subir des précipitations moyennes à abondantes (> 900 mm) assez bien réparties sur toute l'année. Dans ces régions, le volume du réservoir d'eau de pluie ne devra pas nécessairement être trop important, car la régularité des précipitations permet, a priori, une recharge continue et suffisante.

À l'inverse, certaines régions, en particulier en climat méditerranéen, présentent une pluviométrie annuelle très intense mais faible (< 600 mm), sur une période de quelques mois à peine (< 80 jours de pluie/an). La principale difficulté du dimensionnement est alors de prévoir un volume suffisant pour pallier aux périodes sèches, tout en évitant un surdimensionnement qui nuirait au renouvellement de l'eau stockée.

Globalement, les autres régions ont une pluviométrie annuelle assez importante (entre 600 et 900 mm) et bien répartie sur toute l'année, ce qui facilite le dimensionnement du réservoir une fois les besoins en eau identifiés.

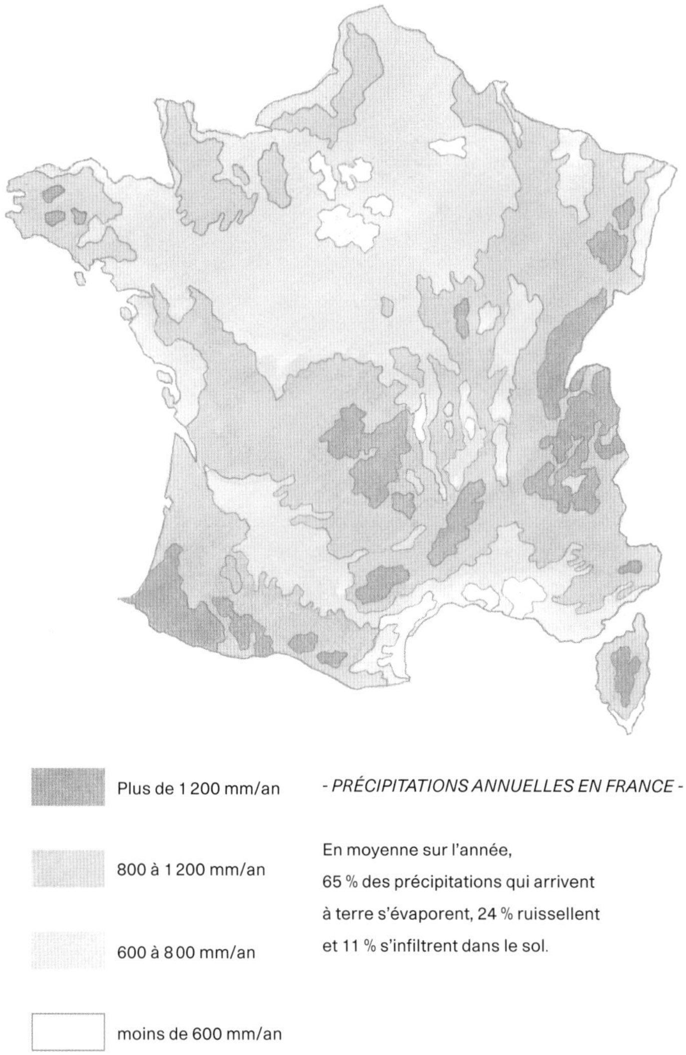

- PRÉCIPITATIONS ANNUELLES EN FRANCE -

En moyenne sur l'année, 65 % des précipitations qui arrivent à terre s'évaporent, 24 % ruissellent et 11 % s'infiltrent dans le sol.

Les zones de rusticité

Non, vous ne pourrez pas faire pousser en pleine terre l'ananas de vos rêves si votre jardin se situe dans l'est de la France ! Pour connaître avec une relative précision les plantes qui vont bien s'acclimater dans votre région, reportez-vous à la carte des zones de rusticité en France. Dans son ensemble, notre pays possède un climat tempéré, ce qui se traduit globalement par une plage de zones de rusticité USDA comprise entre la zone 5 et la zone 10.

- LES ZONES DE RUSTICITÉ DES PLANTES -

Fourchette des températures minimales annuelle **par zone** (en °C)

5	-28 à -21	8	-12 à -7
6	-21 à -16	9	-7 à -1
7	-16 à -12	10	-1 à 4

Bon à savoir > USDA, un sigle énigmatique. L'United States Department of Agriculture – l'équivalent de notre ministère de l'Agriculture – a créé dans les années 1960 une carte pour que les agriculteurs américains trouvent facilement les températures minimales hivernales pour une région donnée. On a étendu cet outil au reste du monde pour permettre à tous de connaître partout les températures hivernales qui conditionnent la rusticité des plantes, c'est-à-dire leur faculté à supporter tel ou tel degré de gel.

Les différents climats

Même si la France possède un climat tempéré dans son ensemble, ce semblant d'homogénéité est trompeur et cache en fait de grandes variations, tant au niveau de l'abondance ou du manque d'eau que des températures.

Tempéré ne veut pas dire agréable en toute saison ! Cela signifie simplement que les extrêmes sont écartés, que – sauf épisode exceptionnel – nous n'avons pas de froid sibérien, pas de chaleur tropicale, pas de sécheresse ou de pluviosité remarquables. En France, la température descend rarement au-dessous de -25 °C, car même lorsque notre pays est sous l'influence directe d'air polaire, celui-ci au cours de son trajet a eu le temps de se réchauffer un peu. De même les +40 °C sont rarement dépassés, l'air tropical arrive chez nous après s'être un peu rafraîchi.
Si cette situation est relativement privilégiée, faisant ressembler la France à un immense jardin où l'on peut voir se développer une large gamme de plantes, nous autres jardiniers devons affiner cette carte par la connaissance des zones climatiques, ces microclimats qui déterminent le régime des précipitations et des températures.

Il faut vous faire une raison, vous n'allez pas pouvoir vous offrir toutes les plantes qui vous font envie car vous devez composer avec le climat, la qualité de la terre et les zones de rusticité des plantes. Méfiez-vous des belles frileuses : vivace ne signifie pas obligatoirement rustique dans toutes les régions. À l'inverse, lorsque le climat est trop chaud et sec, certaines plantes ne survivent qu'au goutte à goutte... Pas vraiment l'idéal dans l'optique d'un jardin en harmonie avec son environnement ! Si vous avez le courage d'arroser copieusement vos hortensias en plein Midi pour avoir des fleurs malgré tout flétries par la chaleur, libre à vous. Mais certaines contrées plus fraîches et plus humides leur iront mieux au teint... Alors adieu au pavot bleu de l'Himalaya si vous jardinez en Provence, allez donc l'admirer en Normandie !

– LES DIFFÉRENTS CLIMATS EN FRANCE –

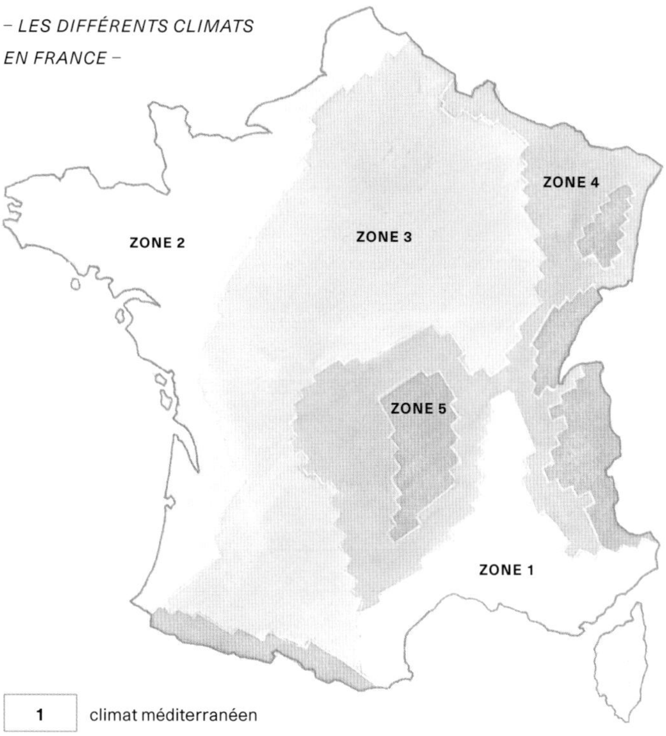

1	climat méditerranéen
2	climat océanique
3	climat centre océanique
4	climat continental
5	climat montagnard

page de droite : Les Jardins de Viels-Maison

double page suivante : Poterie de Sampigny

Le climat océanique

Les meilleurs exemples sont la Bretagne et le Cotentin. Ce climat se traduit par des hivers doux, des étés relativement frais et surtout des pluies fréquentes toute l'année même si elles ne sont pas très abondantes. Au sud, la chaîne des Pyrénées, qui constitue une grande barrière rectiligne, confère au climat aquitain un caractère particulier avec une alternance très rapide d'épisodes pluvieux. Le climat océanique le plus agréable reste celui des régions situées entre l'estuaire de la Loire et le Bassin d'Arcachon. Il pleut toute l'année, bien que les précipitations atteignent leur maximum en automne.

Même si les quantités de pluie tombant sur la Bretagne et sur l'Aquitaine sont équivalentes sur l'année, leur répartition n'est pas la même. En effet, plus on se dirige vers le sud, et plus le nombre de jours de pluie diminue. Les pluies sont généralement plus violentes et intenses dans le sud, principalement en été, sous forme d'orages.

■ Sols à tendance sableuse et terre franche

Les **agapanthes**, plantes vivaces dont la floraison en grosse boule bleue se produit en été sur des tiges de 0,80 centimètre à 1 mètre, sont la griffe des jardins de la côte ouest. À éviter en sol argileux car leurs grosses racines craignent l'humidité stagnante.

Les **verveines de Buenos Aires** (*Verbena bonariensis*), vivaces éphémères à fleurs bleues, les **Crocosmias**, grandes bulbeuses jaunes ou écarlates à floraison estivale, apprécient elles aussi les sols sableux et la terre franche.

Venus de Nouvelle-Zélande, les **olearias** et les **véroniques arbustives** (*Hebe*) contribuent à enrichir la palette du jardinier. Les premiers sont des arbustes persistants qui fleurissent en bouquets de marguerites parfois parfumés et toujours surprenants pour qui les découvre. L'*Hebe*, plus répandu, n'a de ressemblance avec les véroniques que par ses fleurs en épis bleus, roses ou blancs. Pour une touche d'exotisme, essayez le **palmier chanvre** (*Trachycarpus fortunei*) aux grandes palmes et au tronc garni de crin.

Au potager, l'**artichaut** pousse parfaitement. Vous le planterez en terre franche, profondément bêchée.

Le choix des plantes

C'est un climat propice pour les végétaux qui ne demandent pas de fortes chaleurs estivales. Il convient à de nombreuses plantes originaires du sud de l'Australie, de Nouvelle-Zélande, de certaines régions chiliennes et aussi d'Afrique du Sud. Bref, des plantes qui craignent les grands froids, apprécient l'humidité, tout en redoutant les fortes températures estivales.

■ Sols peu ou non calcaires

Les **hortensias** (*Hydrangea*) sont aussi des classiques à la floraison généreuse. De nombreuses espèces et cultivars existent. Leurs fleurs en corymbes plus ou moins arrondis déclinent des nuances de blancs, de bleus et de roses.

Autres arbustes à l'aise loin des fortes chaleurs, les **escallonias**, petits buissons persistants, fleurissent en grappes roses ou blanches. Taillés, ils forment des haies toujours vertes, et laissés libres ils ont beaucoup de charme.

Redoutant la canicule tout en appréciant un sol frais et des hivers doux, **azalées**, **camélias**, mais aussi **phlox**, vivaces de taille moyenne aux couleurs pastel et lumineuses, ou **cannes à pêche des anges** (*Dierama*), de jolies bulbeuses à l'allure herbacée. Leurs drôles de clochettes nuancées de rose tendre sont tout en légèreté.

en haut à gauche : Ambiance Jardin

■ Sols calcaires

Sortes de grandes chandelles généralement jaune soufre et parfois orange, les **molènes** (*Verbascum*) sont des bisannuelles faciles qui se ressèment seules et que même la sécheresse ne rebute pas.

Nous connaissons la **marguerite** des champs. Celle de jardin (*Leucanthemum maxima*), beaucoup plus haute, est prompte à occuper l'espace. Blanche, simple ou double, elle dispense dans les massifs de vivaces son naturel et sa simplicité ; elle est parfaite en association avec les graminées.

Le climat du Centre

ou océanique dégradé

Il touche la plus grande partie de la France, le Bassin parisien, le Centre ainsi que la région de Toulouse. L'influence océanique reste prépondérante, mais elle est altérée, dégradée dit-on, par une petite nuance continentale due à l'éloignement du littoral. Les précipitations sont assez régulières, au moins 120 jours par an, mais de faible quantité. L'été tend à devenir la saison la plus arrosée quand on va vers l'est. Les plaines les plus basses (vallée de la Loire, Bassin parisien) sont peu arrosées tandis que les collines peuvent être nettement plus humides.

Le choix des plantes

Cette zone n'offre ni la douceur océanique, ni sa fraîcheur estivale. L'amplitude thermique y est plus marquée et les pluies plus rares peuvent devenir une contrainte. Les végétaux qui s'y plaisent sont les plus fréquents de nos jardins. Vous pouvez y installer ceux des climats continental et océanique, à l'exception toutefois des plus gélifs et des plus exigeants en eau.

■ Tous types de sols

Les **catalpas** (*Catalpa bignonioides*), grands arbres à la floraison en épis de fleurs tubulées blanches, s'y plaisent tout comme un grand nombre d'**érables**.

page de gauche :
Great Dixter

Une multitude d'arbustes affectionne ce climat. Parmi les plus faciles, l'**oranger du Mexique** (*Choisya ternata*) avec ses feuilles persistantes et une floraison immaculée, délicieusement parfumée, et les **hibiscus rustiques** (*Hibiscus syriacus*) dont la variété « Oiseau Bleu » est un des meilleurs représentants des arbustes bleus d'été. Les **arbres aux papillons** (*Buddleja davidii*) ont de superbes quenouilles roses ou bleues en été et une douce odeur miellée.

Enfin, les **rosiers** poussent parfaitement sous ce climat.

Le parfum des **pivoines herbacées** (*Paeonia lactiflora*) est proche de celui des roses. Leur floraison spectaculaire, leur longévité légendaire et la facilité que vous aurez à les cultiver, justifient tout l'intérêt qu'on leur porte.

Toutes les espèces de **géraniums vivaces** (*Geranium sanguineum, Geranium macrorrhizum, Geranium psilostemon...*) poussent bien sous ce climat. Qu'ils soient blancs, roses ou bleus, ils forment de beaux tapis dont on ne saurait se passer.

La légèreté et le naturel de l'**herbe aux écouvillons** (*Pennisetum alopecuroides*) en font une des graminées les plus populaires. Ses belles touffes vertes en été et fauve en automne sont agrémentées d'épillets en pompons soyeux.

■ Sols calcaires

Les **iris des jardins** (*Iris germanica*) fleurissent au début de l'été, et de nombreuses hybridations permettent de disposer d'une large gamme de coloris.

Très florifères, les **pavots d'orient** (*Papaver orientale*) aux fleurs simples ou doubles fleurissent et refleurissent de longues semaines. Quand arrive la sécheresse, ils se mettent au repos et disparaissent jusqu'aux pluies d'automne.

Faciles et quasi spontanées en sols calcaires et en plein soleil, les **valérianes rouges** (*Centranthus ruber*) sont de grandes vivaces qui poussent même dans les pierres des murets. La sécheresse, elles s'en moquent !

Le climat continental

Il s'observe des régions proches de la frontière allemande au Lyonnais. L'influence « tampon » de l'océan ne se fait plus sentir, c'est un climat brutal. Les hivers sont rudes et froids, souvent pluvieux, et les étés chauds et secs mais entrecoupés de pluies orageuses. L'amplitude thermique y est importante, de -25 °C l'hiver à +30 °C l'été. Ce climat correspond à une large zone de l'hémisphère Nord.

Le choix des plantes

Pour s'adapter à ce climat contrasté, les plantes ne doivent craindre ni le froid, ni le sec, ni les fortes chaleurs !

■ Tous types de sols

Les **charmes** (*Carpinus betulus*) donnent de grands arbres ou peuvent être conduits en haie. Ils sont marcescents : leur feuillage sèche en automne mais ne tombe qu'au printemps.

La floraison blanche de l'**amélanchier** (*Amelanchier laevis*) éclaire le printemps, et ses fruits pareils à de petites cerises sont comestibles.

Beau comme un nuage rose, le **kolkwitzia** (*Kolkwitzia amabilis*) est un arbuste haut de 2 mètres qui se couvre de clochettes roses au printemps et dont le feuillage s'éclaire de tons orangés en automne.

Le **cognassier du Japon** (*Chaenomeles speciosa*) pousse jusque dans le nord de la Chine, c'est dire si cet arbuste à la floraison très précoce ne craint ni les hivers froids ni les étés chauds. Ses fleurs ressemblent à celles des pommiers dans des tons plus intenses.

Côté vivace, la **campanule à feuilles de pêcher** (*Campanula persicifolia*) se sent bien dans les massifs, à mi-ombre. Elle ouvre ses clochettes bleues ou blanches en juin.

L'été se termine sous le signe des **anémones du Japon** (*Anemone hybrida*). Souvent rose, elle existe aussi en blanc, comme la magnifique « Honorine Jobert », parfaite à mi-ombre.

La **pervenche** (*Vinca major* ou *Vinca minor*) aime l'ombre légère et accepte toute une variété de sols. Ses fleurs, naturellement bleues, parfois violettes, éclosent en abondance à la sortie de l'hiver.

L'**orpin** (*Sedum kamtschaticum*), sorte de plante grasse rase originaire de Sibérie qui fleurit jaune en juin, forme un tapis vert et dense.

double page suivante :
Le Jardin d'Anne-Marie

■ Sols calcaires

Vivace arbustive, le **perovskia** (*Perovskia abrotanoides*) pousse dans les steppes d'Asie centrale, le froid et le sec ne gênent donc en rien la floraison estivale bleu lavande de cette plante aromatique.

Le **gazon d'Espagne** (*Armeria maritima*) n'est ni un gazon ni frileux comme son nom peut le laisser entendre. Rustique au-delà de -15 °C, cette vivace tapissante affectionne les sols caillouteux, et fleurit à la façon de la ciboulette en pompons roses.

La **plante des savetiers** (*Bergenia cordifolia*) apprécie les sols à tendance calcaire. On l'aime pour ses grandes feuilles persistantes vert profond qui rougissent en hiver. Cette vivace « couvre-sol » a même la bonne idée de fleurir en grappes roses au cœur de l'hiver.

Les joints des murs, voici le domaine de la **campanule des murs** (*Campanula portenschlagiana*) ! Elle y prospère en un épais tapis bleu qui annonce le printemps.

Au potager, le **chou vert frisé** ne craint ni le gel ni les précipitations. Il apprécie aussi le climat montagnard. C'est un des légumes d'hiver les plus riches en vitamine C.

Le climat méditerranéen

Ce climat se caractérise par une sécheresse estivale et par un régime de pluies très irrégulier, aussi bien d'un mois sur l'autre que d'une année sur l'autre. Les quantités de pluie recueillies globalement ne sont pas particulièrement basses, mais les averses sont concentrées dans le temps (en moyenne il pleut moins de 80 jours par an dans tout le Bassin méditerranéen) et violentes. En effet, les pluies tombent de l'automne au printemps, mais de la fin de l'été au début de l'hiver, les précipitations sont très intenses, et les redoutables « épisodes cévenols » peuvent survenir, causant des crues soudaines particulièrement dangereuses et lessivant la terre. Des mois de précipitations peuvent ainsi s'abattre en quelques jours sur les zones touchées par ces phénomènes.

ci-contre :
Les Buis de Lussan

Le choix des plantes

Pour s'adapter à ce climat, les plantes marquent un repos végétatif au cœur de l'été, lorsque l'eau manque et que le soleil brûle. L'automne arrivé, elles redémarrent progressivement, profitent d'un hiver doux et sont au mieux de leur forme au début du printemps.
Beaucoup ont un feuillage soyeux ou pubescent pour atténuer les radiations, cireux ou coriace pour limiter le dessèchement, mais elles craignent toutes le gel.

■ Sols calcaires, terre franche, sols peu argileux

Emblématiques de la Méditerranée, l'**olivier** (*Olea europaea*), le **cyprès** (*Cupressus sempervirens*) ou le **laurier-rose** (*Nerium oleander*), la **lavande** (*Lavandula angustifolia*) et le **romarin** (*Rosmarinus officinalis*) à l'odeur balsamique et à la floraison bleu tendre poussent facilement. Autre habitué des lieux, le **chêne vert** (*Quercus ilex*) est partout, son feuillage vert recroquevillé et son port tortueux marquent ce paysage.
Nos **géraniums** de balcons (*Pelargonium* sp.), originaires d'Afrique du Sud, ont trouvé là une seconde patrie et arrivent avec le temps à former de petits arbustes.
Immigrants des déserts californiens et mexicains, **agaves** aux rosettes géantes et épineuses et **yuccas** en tous genres consomment peu d'eau et conviennent parfaitement en pleine terre ou en pot. D'autres plantes succulentes se sont aussi naturalisées tels les **figuiers de Barbarie** (*Opuntia* sp.).

Les **gazanias** (*Gazania rigens*) se ferment quand vient la nuit. Une façon de protéger leurs grosses marguerites brillantes aux couleurs chaudes et aux pétales striés. Cette vivace africaine à la floraison printanière puis automnale couvre le sol d'un tapis épais persistant.

Un gazon traditionnel est difficilement envisageable sur la côte méditerranéenne... L'alternative déjà adoptée par beaucoup de jardins est le **gazon des Mascareignes** (*Zoysia tenuifolia*), une graminée exotique traçante et verte, solide au piétinement et au manque d'eau. Attention, cette graminée ne doit être plantée qu'en climat méditerranéen, car elle gèle à - 10 °C environ.

Si les **poivrons** et **piments** grossissent et mûrissent avec difficulté dans bien des régions de France, un potager du Sud leur convient. Ces légumes demandent beaucoup de chaleur et de soleil pour arriver à maturité. De vrais méditerranéens !

■ Sols ni argileux ni calcaires

Incontournables sous ce climat, les **cistes** (*Cistus* sp.) forment de petits buissons persistants, et leurs fleurs simples roses, blanches ou bicolores toutes chiffonnées sont des modèles de frugalité.

Le **mimosa** (*Acacia dealbata*) profite des hivers doux pour fleurir en février. Il gèle entre - 8 °C et - 10 °C. Lui aussi supporte mal les sols calcaires.

Enfin, dans les sites les plus protégés de cette zone, notamment le littoral, les agrumes, comme les **orangers**, **citronniers** (*Citrus aurantium*, *Citrus limonum*), trouvent la douceur indispensable à leur bon développement.

■ Sols sableux

Les **doigts de sorcières** (*Carpobrotus edulis*) et leurs fleurs rose fuchsia quasi fluorescent se sont naturalisés sur de nombreuses plages et jardins sableux du littoral méditerranéen.

Deux souvenirs de vacances de la grande bleue : le **lis des sables** (*Pancratium maritimum*) et les **lavandes de mer** (*Limoniastrum monopetalum*). Le premier est un lis blanc, sorte de jonquille géante au parfum capiteux, l'autre rampe sur le sable et fleurit bleu lavande.

■ Sols calcaires

L'arbre à perruque (*Cotinus coggygria*) n'a pas volé son nom. En fleur, on le croirait couvert de barbe à papa, et à l'automne, ses feuilles flamboient avant de tomber. Ce petit arbre tortueux est typique du sud de l'Europe.

Les fleurs de cet **érigéron** (*Erigeron karvinskianus*) ressemblent à une nuée de petites pâquerettes, qui apparaissent au cours de l'été. Cette vivace aime les vieux murs mais aussi les rocailles.

Habitués des garrigues, les **asphodèles** (*Asphodelus microcarpus* et *Asphodelus albus*) poussent aussi au jardin. Ils n'ont besoin que de soleil pour qu'éclose leur multitude de petites étoiles blanches le long d'une tige de près d'un mètre de haut.

ci-contre :
Les Chênes verts

Le climat montagnard

Les pluies sont plus nombreuses et les températures varient énormément en fonction du massif et de l'altitude. La température diminue et les précipitations augmentent avec l'altitude. Les hivers sont froids, avec des inversions de température importantes (jusqu'à -40 °C dans le Jura), et très peu arrosés par endroits, tandis que les étés sont plus chauds qu'à l'extérieur des massifs à altitude égale. Le cumul annuel moyen des précipitations chute dans les endroits les mieux abrités. Plutôt que de latitude, c'est d'altitude dont il s'agit ici, puisque la température baisse environ de 1 °C tous les 180 mètres. Plus on grimpe plus il fait froid !

Le choix des plantes

Les végétaux qui prospèrent en moyenne et haute altitude doivent supporter le froid, car en plein mois de janvier quelque -20 ou -25 °C ne sont pas à exclure ! Seules les plantes très rustiques sont envisageables. C'est donc dans une sélection de plantes résistantes et rapides que le jardinier de montagne devra faire son choix. Souvent printanières, elles doivent fleurir tôt et produire leurs graines rapidement avant les premiers froids. Ces végétaux sont souvent endémiques comme ces grands arbres : **hêtres** (*Fagus sylvatica*), **aulnes** (*Alnus glutinosa*) et **mélèzes** (*Larix decidua*).

■ Tous types de sols

Les **bouleaux** (*Betula* sp.) sont appréciés pour leur écorce ivoire en hiver et leur feuillage léger en été. Toutes les sortes de sol conviennent pourvu que celui-ci ne sèche pas.

Les **aubépines** (*Crataegus* sp.) et les **sorbiers** (*Sorbus* sp.) sont de grands arbustes à la floraison printanière rose ou blanche pour l'aubépine, uniquement blanche pour les sorbiers. Leurs fruits colorés sont attractifs. Les **buis** (*Buxus* sp.) et les **houx** (*Ilex* sp.) sont bienvenus pour réaliser des haies persistantes. Ces arbustes poussent lentement mais traversent les années.

Les plantes vivaces et annuelles sont le meilleur apport de couleur d'un jardin de montagne.

Les **aconits** (*Aconitum napellus*) sont natives des prairies d'altitude, leur floraison en épis érigés bleu marine ne passe jamais inaperçue. Un air de famille les rapproche des **pieds-d'alouette** (*Delphinium*) également à floraison en épis bleus ou parfois roses le long d'une tige démesurée. Enfin, plus modeste dans cette famille des renonculacées, l'**ancolie** (*Aquilegia*) généralement bleue fleurit aussi en lanternes bicolores.

L'été est l'époque des **rudbeckias** (*Rudbeckia* sp.) aux grosses marguerites cramoisies.

Les lis, principalement le **lis Martagon** (*Lilium martagon*) résiste bien au froid et à la pluie. Pourpres, mais aussi violettes ou rouge moucheté, ses fleurs ressemblent à de petites étoiles de mer. On trouve ce lis auprès de pépiniéristes spécialisés en plantes alpines. Étant une espèce protégée, ne le cueillez pas dans la nature.

ci-contre :
Poterie de Sampigny

■ Sols non calcaires

Le **rhododendron fortunei** est un très grand rhododendron de 3 à 4 mètres de hauteur à floraison généralement rose carné. Les **rhododendrons ferrugineum** et **impeditum** sont nettement plus modestes avec moins d'un mètre de haut. Le premier fleurit rose mauve, le second bleu lavande.
Fréquent dans les sols tourbeux, humiques ou sableux, le **myrtillier** (*Vaccinium myrtillus*) donne des fruits en automne. Ce petit arbuste peu frileux fleurit blanc et il a un des feuillages les plus colorés de l'automne.

En montagne comme en plaine, l'été se termine par la floraison abondante des **asters** (*Asters amellus*, *Aster dumosus hybrides*) : des bleus, des roses doux ou vif et du blanc pour ces rameaux fleuris de nuées de pompons.
Les **sedums** (*Sedum* sp.) et **joubarbes** (*Sempervivums* sp.) sont l'idéal pour planter une rocaille alpine. On aime leur allure de plantes grasses et particulièrement la floraison lumineuse du *Sedum spectabile*.

LES BIENFAITS DE L'EAU

Les différents systèmes d'arrosage

Durant des siècles, les hommes ont développé une multitude de systèmes d'arrosage visant non seulement à ravitailler régulièrement en eau leurs cultures ou jardins d'ornement, mais aussi à simplifier et limiter le temps consacré à cette occupation.

Un peu d'histoire

C'est probablement le plus ancien et toujours le plus utilisé... Avec de grandes anses pour faciliter la prise en main, **l'arrosoir** reste une manière simple d'arroser au plus juste ses plantations, car le jardinier peut apprécier, « sujet par sujet », l'état de sécheresse de ses plantes et donc doser l'eau en conséquence. Côté économie d'eau, l'arroseur a tendance à avoir la main lourde et à donner un peu trop d'eau aux végétaux. Par contre, dès qu'il y a plus d'une dizaine de pots ou de plantes à arroser ou que la réserve d'eau est éloignée... le plaisir de sentir la terre se gorger d'eau tourne vite à la corvée !

Bon à savoir > Votre bel arrosoir en zinc ne veut pas que du bien à votre dos ! Tenez compte du fait qu'il pèse 2 kilogrammes pour 10 litres contre 1 kilogramme pour le modèle équivalent en plastique !

Dans le sud de la France, beaucoup de potagers et quelques jardins d'ornement possèdent un antique système d'arrosage constitué de rigoles en pente dans lesquelles circule l'eau. Il s'agit **d'arrosage par gravitation**. Tuiles rondes ou petites buttes de terre permettent au jardinier d'ouvrir les canalisations qui irriguent les plantes... Seul inconvénient, ce type d'arrosage n'est absolument pas mobile et vous devez bien souvent partager le temps d'arrosage avec vos voisins. Si vous avez la chance de posséder un tel type d'arrosage, surtout conservez-le et maintenez-le en état.

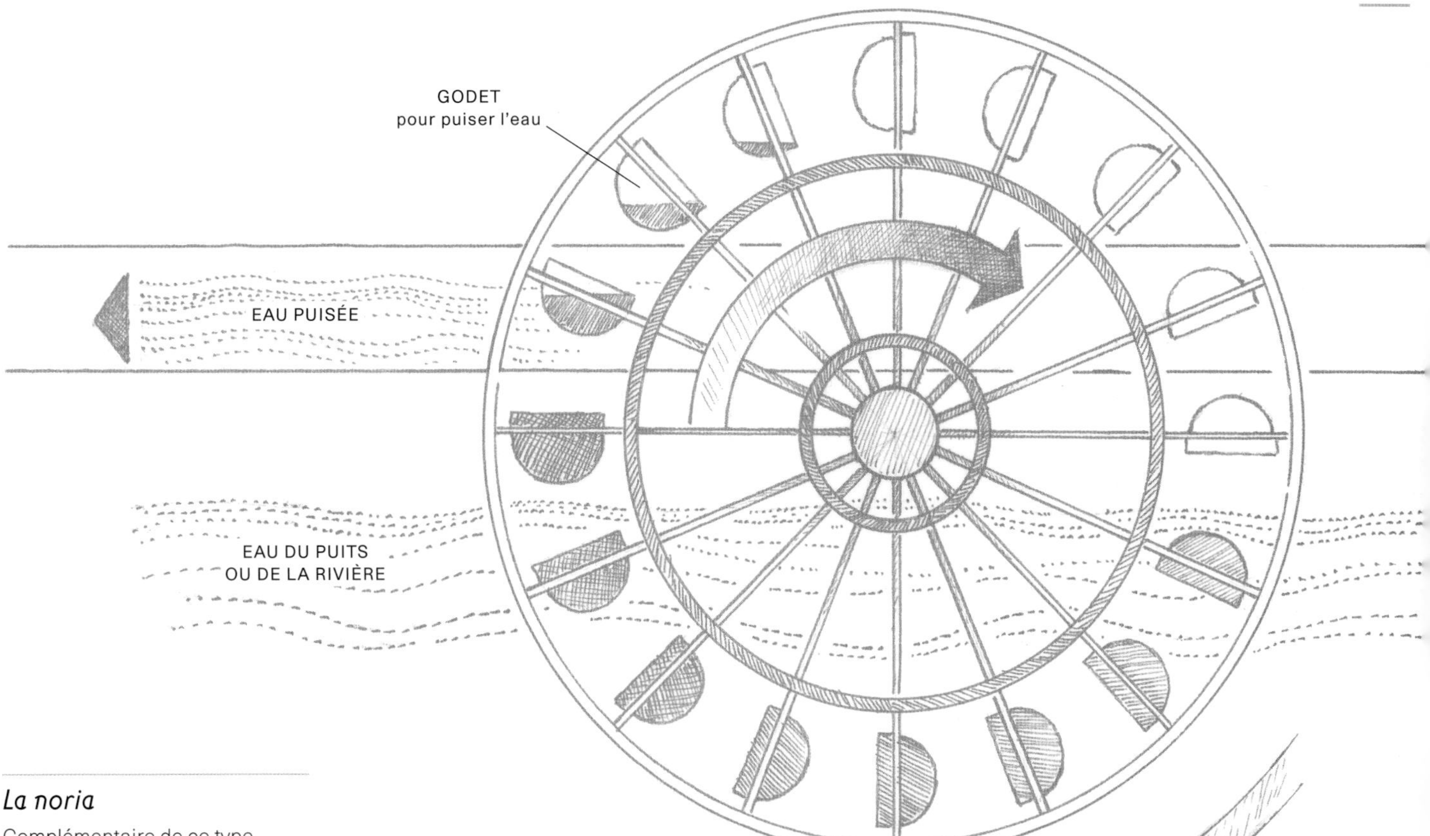

– UNE NORIA –

La noria

Complémentaire de ce type d'arrosage, utilisée depuis des millénaires et encore de nos jours en Afrique du Nord, la noria est une sorte de chapelet hydraulique. C'est une grande roue à ailettes installée sur un cours d'eau et dont le courant actionne sans cesse sa rotation. Une succession de godets fixés à cette roue élève et déverse l'eau dans un aqueduc associé qui va la distribuer. Dans les zones sans cours d'eau, les norias étaient aussi utilisées pour remonter l'eau des puits et ainsi irriguer les cultures. C'était alors un cheval ou un âne qui actionnait la roue.

Les moyens actuels

L'avantage principal des systèmes d'arrosage les plus récents consiste d'abord dans leur automatisation. Finie la corvée d'arrosage du potager le soir tard ou le matin avant de partir travailler ! Votre jardin est au mieux de sa forme sans que vous ayez gaspillé votre temps, et vous pouvez vous consacrer au plaisir du jardin ! Mais surtout, l'arrosage automatique est bien plus économique en termes de dépense d'eau, notamment si on le compare à un arrosage quotidien au jet, accompagné de son tuyau que l'on promène à travers tout le jardin. La répartition de l'eau est équilibrée puisque le système arrose juste ce qu'il faut, là où il faut, et l'évaporation par un arrosage de nuit est très faible.

Directement inspirée de l'arrosage au jet, **l'aspersion** permet à l'eau sous pression d'être distribuée sous forme d'une pluie fine par le biais de différents arroseurs ou « asperseurs ». Lors du choix des appareils, c'est l'uniformité de l'arrosage – avantage théorique fondamental de l'aspersion par rapport aux autres systèmes – qui doit être assurée.

page de droite :
Le Prieuré d'Orsan

Quant à la **micro-irrigation** (ou goutte-à-goutte), elle fonctionne grâce à un réseau de tuyaux perforés par des goutteurs qui fournissent chacun un débit très faible. L'eau est apportée directement au pied de la plante, humidifiant seulement une petite partie du sol, correspondant à celle occupée par les racines des plantes.

La récupération des eaux de pluie, un geste citoyen

Depuis fin 2006, les pouvoirs publics, par le biais de crédit d'impôt, incitent les particuliers à s'équiper de collecteurs et de cuves de récupération des eaux pluviales en vue de les utiliser pour l'arrosage du jardin, mais aussi – et c'est nouveau – pour l'alimentation des W.-C. et de la machine à laver.

Un peu d'histoire

Dans les siècles passés, toute une infrastructure de canaux, retenues, puits, mares... permettait de récupérer et d'amener l'eau de pluie aux moulins et scieries, d'irriguer les jardins, les prés et les prairies, d'alimenter les fontaines des villages où venaient se désaltérer bêtes et gens. Plus loin encore dans le passé, les Romains, grâce à leurs aqueducs, maîtrisaient déjà l'art du transport d'eau en suivant les courbes de niveau. Ces techniques d'un autre âge, pourtant propres et renouvelables, ont été trop vite abandonnées au profit d'autres plus modernes, mais certainement moins respectueuses de l'environnement.

Un problème méconnu

De nombreuses activités humaines contribuent à diminuer la part d'infiltration des précipitations suite à l'évaporation et au ruissellement. Une urbanisation galopante et souvent peu maîtrisée, un déboisement soutenu, des cultures intensives imperméabilisent de plus en plus de surfaces et augmentent l'érosion des sols, ce qui a pour résultat de favoriser le ruissellement tout en contribuant à amplifier les dégâts dus aux inondations. Dans le même temps, pour satisfaire les besoins en eau des villes, des campagnes et de ces nouvelles zones « rurbaines », une surexploitation discrète et continue des nappes phréatiques modifie les réserves souterraines sans tenir compte de leurs capacités naturelles de reconstitution. De plus, la disparition des zones humides par drainage contribue à diminuer cette recharge en eau du sous-sol. On attribue la cause du changement climatique exclusivement à l'effet

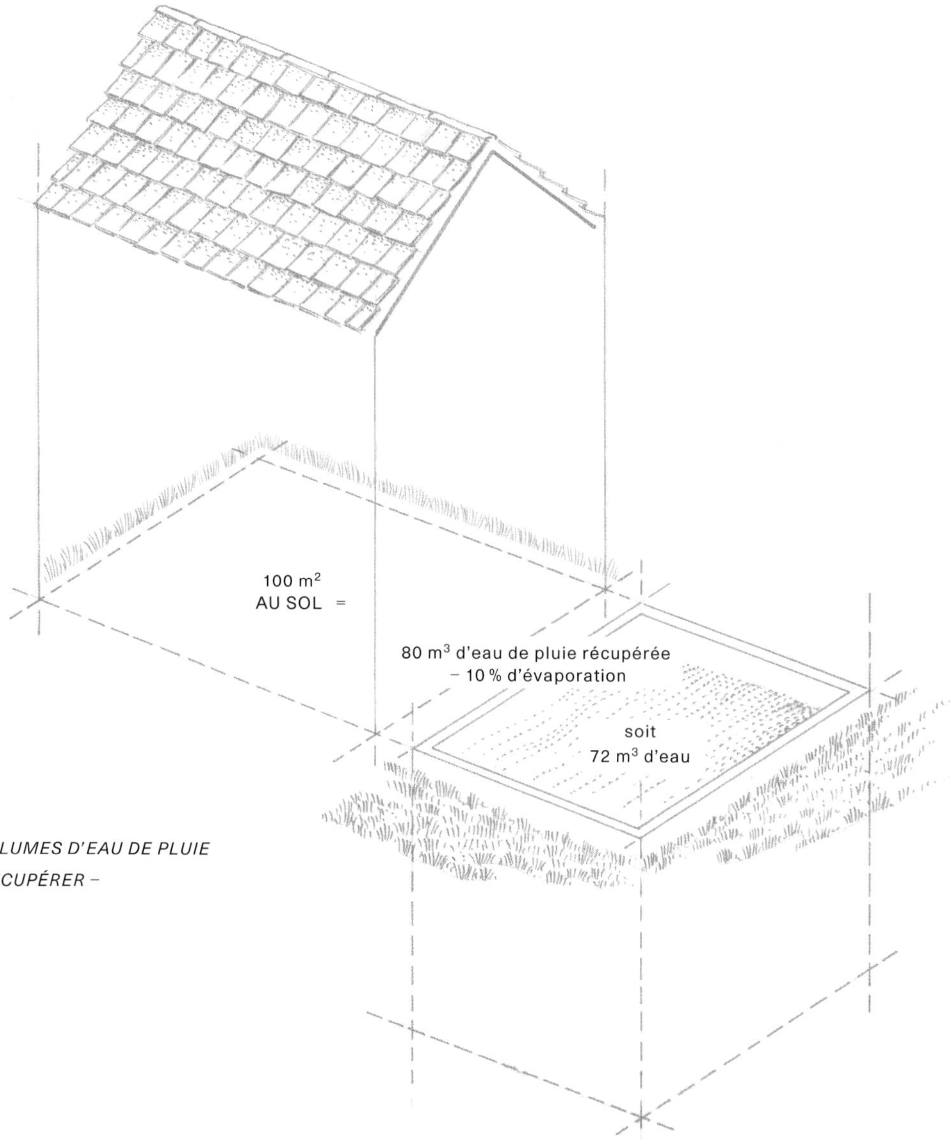

– VOLUMES D'EAU DE PLUIE À RÉCUPÉRER –

Calculer les volumes d'eau à récupérer

Le volume d'eau récupérable est égal à la surface au sol de la maison multipliée par la pluviosité (en mètre). Compte tenu de l'évaporation et des pertes diverses, retranchez 10 % à ce chiffre[1]*. Par exemple, pour une maison de 100 m² au sol, en imaginant qu'il tombe 0,80 m d'eau par an, vous pouvez espérer recueillir près de 72 m³ d'eau sur une année (100 x 0,80 = 80 m³ – 10 %), c'est-à-dire que vous pourrez utiliser près de 500 litres d'eau par jour durant toute la belle saison !*

1. Pour plus de précisions concernant la pluviométrie de votre région, n'hésitez pas à consulter les données météorologiques disponibles sur *meteofrance.com*.

de serre. Il semble cependant que cette surexploitation des nappes phréatiques des zones arides, en particulier associée à un déboisement intensif, soit aussi responsable de ce dérèglement climatique.

Une répartition inégale

Un habitant sur trois souffre de pénurie d'eau dans le monde, une situation essentiellement liée à une mauvaise gestion de la ressource, c'est-à-dire à des causes humaines et non naturelles. C'est ce qui ressort d'une étude publiée à l'occasion de la Semaine mondiale de l'eau de Stockholm en 2007. Source de vie et bien stratégique, l'eau est inégalement répartie, tant au niveau géographique que des volumes de précipitations... Récupérer, ne pas gaspiller l'eau de pluie, s'inscrit dans les pratiques multiséculaires des jardiniers du monde entier. Avec les progrès techniques, l'eau du robinet a bien souvent remplacé l'eau puisée au puits, à la citerne ou collectée dans une cuve de surface placée sous la gouttière. Pourtant l'installation d'un collecteur d'eau de pluie reste une des choses les plus simples à mettre en œuvre ! Avec la raréfaction et l'augmentation du prix de l'eau, cette source d'approvisionnement alternative va donc représenter un avantage financier de plus en plus important.

page de droite :
Patio de Cordoue

double page suivante :
Great Dixter

Pourquoi installer un collecteur d'eau de pluie ?

Outre un geste « écocitoyen » pour la préservation de nos richesses naturelles, le collecteur fera office de rétenteur d'eau pendant les gros orages et participera à la limitation des inondations. Ce sont donc des économies que réalise la collectivité, donc nous-même. C'est aussi une économie plus directe pour chacun d'entre nous, puisqu'un jardinier possédant une parcelle de 200 m^2 cultivée et utilisant l'eau de pluie va économiser la totalité de sa facture d'eau, soit environ 200 euros par an !

Ce que dit la loi

L'article 641 du Code civil stipule que tout propriétaire a le droit de disposer des eaux pluviales qui tombent sur son terrain. Si les citernes d'eau de pluie sont obligatoires pour les constructions neuves, la technique reste encore confidentielle en France... Il faut dire que cela représente un manque à gagner pour les puissantes agences de distribution ainsi que pour les sociétés de traitement de l'eau, car « l'or bleu » est une véritable manne !

Qualité et défaut de l'eau de pluie

Beaucoup de facteurs modifient la qualité de l'eau de pluie : les substances en suspension – notamment les oxydes d'azote (NO_x) et le dioxyde de soufre (SO_2) rejetés lors de la combustion des carburants –, les poussières, mais aussi des gaz naturellement présents dans l'atmosphère comme le dioxyde de carbone (CO_2), l'oxygène et l'azote. Avant d'arriver dans la citerne, l'eau subit évidemment cette pollution atmosphérique. L'effet le plus spectaculaire est l'acidité. Quand l'air contient du dioxyde de soufre, des produits chimiques toxiques ou du plomb, ces substances s'ajoutent à la pluie et l'arrosage du jardin contribue ainsi à la contamination des sols. Mais rassurez-vous, ce type de pollution ne devient préoccupant que dans des cas assez particuliers, liés notamment à la présence d'anciennes zones industrielles non décontaminées. Sachez donc que dans l'immense majorité des cas, les eaux pluviales récupérées présentent une faible minéralisation et un pH légèrement acide, proche de 6 loin des zones de pollution et compris entre 5 et 4 dans les régions plus industrialisées. Cela dit, une certaine acidité de l'eau est bienvenue au jardin, et fleurs et légumes n'en seront que plus beaux ! Par contre, à proximité des côtes et même jusqu'à près de 150 kilomètres dans les terres, on peut trouver des traces de sel marin dans l'eau... ce que les végétaux apprécient beaucoup moins !

Le récupérateur

D'un fonctionnement ultrasimple, le récupérateur (capacité de 400 ou 800 litres) permet de stocker tout ou partie des eaux pluviales. La pluie qui tombe sur la toiture de la maison est canalisée normalement dans des gouttières reliées à une cuve. Une pompe électrique permet d'acheminer l'eau du récupérateur vers... toute votre installation d'arrosage si ça vous chante !

La mise en place et le montage d'un tel récupérateur sont aisés et rapides. En bois, imperméabilisé et protégé contre le gel, les récupérateurs Gardena sont esthétiques et faciles à nettoyer. Contrairement aux cuves en PVC, ce collecteur supporte parfaitement les intempéries, et il peut récupérer 80 à 90 % de l'eau qui tombe du toit lors d'une averse.

Comment récupérer l'eau ?

- Inutile de changer la couverture de votre toit pour obtenir une eau plus pure... Sachez tout de même que certains matériaux, notamment les tuiles et les ardoises, conviennent mieux que d'autres en ayant un impact positif sur la composition chimique de l'eau. On peut tolérer les ardoises artificielles, la tôle ondulée. Mais il faut à tout prix éviter le cuivre, l'aluminium ou les matériaux synthétiques légers (imitation de tuiles) et le goudron qui enrichissent l'eau en métaux pour les uns et en hydrocarbures pour les autres.
- Oubliez le toit végétal, inutilisable pour la récupération de l'eau de pluie.
- Pour les gouttières et les descentes, utilisez le zinc, le PVC ou la faïence. Évitez le cuivre et le plomb qui sont solubles en milieu acide – l'eau de pluie est déjà naturellement et légèrement acide – et donc toxiques.
- Placez une grille de protection sur les gouttières et au-dessus de chaque descente pour éviter la chute des feuilles ou de petits animaux.
- Nettoyez les gouttières deux fois par an.

Se poser les bonnes questions

Même si le principe est simple, il est toujours utile de faire un diagnostic de vos besoins et des possibilités qu'offre votre habitat pour vous lancer à bon escient dans l'installation d'un système de récupération des eaux de pluie.

Où placer le récupérateur ?

Évidemment, directement en dessous d'une descente !

Il est toujours possible, avec un vieux tonneau ou une bassine, d'installer directement la descente de gouttière dans la cuve mais, pour la durabilité de votre cuve et de ses accessoires, nous vous conseillons fortement :

- d'utiliser un collecteur de gouttière, qui va filtrer l'eau, empêchant ainsi les salissures, tels feuilles, brindilles ou insectes, de tomber dans la cuve. Ce filtre évite également la formation de vase et l'altération de l'eau.
- d'installer un trop-plein qui permettra, si la cuve est pleine, de refouler l'eau dans le réseau d'eaux pluviales.
- de couvrir votre cuve afin d'éviter la formation des algues et le développement des larves aquatiques, notamment celles des moustiques, et ainsi d'obtenir une eau beaucoup plus propre.

L'aspersion

« Une pluie artificielle », c'est ainsi que l'on pourrait qualifier l'aspersion, ce qui fait bien comprendre son principe de base ! Mais à côté du simple tuyau avec embout que nous connaissons tous et qui répond parfaitement à l'arrosage d'arbres isolés ou, ponctuellement, à un épisode de sécheresse, vous trouverez toute une gamme d'asperseurs.

Avantages et inconvénients

Avec une excellente couverture d'arrosage pour les grandes surfaces, une mise en place des plus simples et une grande mobilité, l'irrigation par aspersion reste un investissement satisfaisant, surtout si l'eau distribuée provient de votre citerne ou de votre récupérateur. Car, il faut bien l'avouer, même si l'on programme son arrosage la nuit, lorsque l'évaporation est moins importante, c'est un système qui gaspille beaucoup d'eau, puisqu'il est indispensable de croiser les zones d'arrosage pour obtenir une uniformité de l'irrigation. Outre cet aspect économique/écologique, on sait aussi que les arroseurs « noient » souvent les plantes qui n'ont pas toutes les mêmes besoins en eau.

Un large choix d'arroseurs

Il existe toute une gamme d'arroseurs mobiles adaptés aux différentes techniques d'arrosage et aux surfaces à traiter.

- Les **arroseurs rotatifs** ou circulaires, sur socle ou à planter, pour des surfaces de 30 à 150 m^2, avec un réglage précis du secteur à arroser, de la portée et du débit.
- Les **arroseurs oscillants**, pour des surfaces de 50 à 300 m^2, qui conviennent particulièrement pour les pelouses ou jardins rectangulaires, grâce au réglage de la longueur et de la largeur d'arrosage leur permettant ainsi de travailler au pied d'un mur sans mouiller celui-ci.
- Les **arroseurs canon**, avec ou sans inverseur de marche, d'un rayon d'arrosage maximal de 3 à 12,5 mètres, assurant une surface arrosée de 30 à 490 m^2.

Une réponse adaptée

Compte tenu des limites de l'aspersion, les fabricants ont mis au point un principe de micro-aspersion, inspiré du goutte-à-goutte et s'installant de la même manière, plus adapté aux cultures tant potagères que florales. Pour les plates-bandes de fleurs ou les légumes réclamant une brumisation, on utilise des micro-asperseurs dont la portée est limitée à 2-3,50 m, ce qui évite d'arroser les allées ! Attention, il faut que les jets se croisent, un asperseur devant toujours chercher à arroser son voisin. Il y a moins de tuyaux à passer dans les massifs, ce qui facilite l'entretien et la plantation, tout en diminuant les risques de casse. Situés en hauteur, les asperseurs ne se

bouchent pas et sont faciles à déplacer, puisque toujours en dérivation du tuyau principal et posés sur un support à planter dans le sol. En schématisant à l'excès, on pourrait dire que là où il faut 50 goutteurs pour arroser un massif, on obtient une répartition d'eau bien meilleure avec seulement 5 asperseurs... si tant est que vos plantes supportent l'humidité foliaire et que vous soyez extrêmement vigilant sur les heures d'arrosage – c'est-à-dire jamais en plein soleil sous peine de brûler les feuillages.

Un montage simple

Comme le goutte-à-goutte (p. 104), les dispositifs d'arrosage sont alimentés par des tuyaux de 13 millimètres de diamètre en polyéthylène, disposés en surface et desquels partent des dérivations plus minces (4,6 millimètres de diamètre). Ces dérivations en petit tube doivent être relativement courtes – pas plus de 1 mètre entre le tuyau principal et le micro-asperseur. En fonction de la végétation, vous pouvez aussi placer une rehausse et un petit robinet pour régler la distance du jet. L'alimentation de cette installation à partir d'un robinet ou d'une pompe passe par une centrale d'irrigation qui régule la pression, assure la filtration de l'eau et permet même de diffuser des engrais en pastille. Fonctionnant à partir de 1,5 bar (soit une pression très faible), elle peut alimenter jusqu'à 500 goutteurs ou 14 asperseurs. Pour vous faciliter la vie, l'idéal est de commander l'installation par un programmateur se plaçant sur le robinet. Lui-même peut être relié à une sonde d'humidité placée près des plantes et qui empêche le déclenchement de l'arrosage tant que le degré d'humidité est suffisant.

Déplacer l'eau

Qu'elle soit stockée dans un collecteur, dans un puits ou une citerne, l'eau, avant d'arriver dans le jardin, doit bien souvent être transportée d'un point à un autre. Et c'est là qu'entre en jeu la pompe.

Un peu d'histoire

Avant qu'électricité et adduction d'eau ne soient disponibles sur tout notre territoire, le jardinier avait à sa disposition des pompes manuelles qui existent et fonctionnent toujours. Elles aspirent l'eau en créant un vide grâce à un piston actionné par le jardinier. Lorsque le piston est en haut, il se crée une dépression sur l'eau contenue dans le tuyau d'aspiration, permettant à celle-ci de monter. C'est exactement le même principe avec la pompe électrique, simplement la turbine d'aspiration est actionnée par un moteur électrique.

Bon à savoir > L'hiver arrive... Attention, si votre pompe immergée peut éventuellement rester en place (voir la notice), vous devez par contre impérativement vidanger et rentrer votre pompe de surface.

Quel type de pompe choisir ?

Vous vous trouverez face à deux grandes familles de pompes, les **immergées** et les **pompes de surface**. C'est en fait la profondeur de l'eau à extraire et la pression dont vous avez besoin qui conditionneront votre choix. En effet, lorsque votre puits est assez profond et que la surface au niveau le plus bas est située à plus de 6 mètres, vous opterez plutôt pour une pompe immergée.

Il existe des pompes immergées de faible puissance qui fonctionnent sur pile ou secteur, et spécialement étudiées pour les collecteurs, mais vous pouvez aussi vous servir de votre pompe de surface pour y prendre l'eau, en l'installant à l'extérieur du receveur. Par contre en présence d'une mare, d'un puits ou d'une citerne dans lesquels la surface se trouve à moins de 5 à 6 mètres, choisissez une pompe de surface. Elle reste maniable, simple à amorcer, se déplace sans problème, et il est très simple de l'automatiser.

Côté pression, c'est l'utilisation de l'eau puisée qui doit être prise en compte. Pour la micro-irrigation, un arroseur oscillant ou le remplissage d'un arrosoir, une pression d'environ 1 bar suffit. Si vous souhaitez également raccorder votre pompe au système d'arrosage enterré, il est indispensable de disposer d'une pression d'environ 2 bars, voire un peu plus si votre réseau est long et les pertes de charges importantes. La présence d'une crépine*, installée sur le tuyau d'aspiration, retiendra les impuretés susceptibles d'obstruer l'arroseur.

Et sans réseau électrique ?

Depuis fort longtemps vous avez à votre disposition les pompes à moteur thermique, 2 ou 4 temps. Plus silencieuses qu'autrefois, elles ne peuvent pas être automatisées. La dernière innovation : les pompes électriques solaires équipées de panneaux photovoltaïques en courant basse tension.

La micro-irrigation

Utilisée depuis des années par les maraîchers et les producteurs de fruits, la micro-irrigation permet un arrosage de précision directement au pied de la plante. C'est une réponse efficace à de nombreux problèmes d'apport en eau : plantations en ligne, balcon, terrasse, potager ou serre...

Un peu d'histoire

Bien avant l'eau du robinet et les bienfaits de la pression, le goutte-à-goutte avait déjà de nombreux adeptes. En effet, dans toutes les régions sèches du monde, se sont développées des méthodes artisanales mais efficaces, tendant à distribuer lentement et régulièrement l'eau si précieuse au pied des végétaux. Ainsi en est-il de ces jarres en terre cuite remplies d'eau et installées au pied des tomates, en Afrique du Nord. L'eau suinte lentement à travers la terre cuite poreuse. C'est aussi le système utilisé par maints jardiniers lorsqu'on installe des bouteilles en plastique dans la terre au plus près des plantes. Vous percez de petits trous dans le bouchon et vous enfoncez ce col dans la terre. Vous coupez ensuite le cul de la bouteille et vous remplissez d'eau. Quant à notre moderne goutte-à-goutte, c'est une technique apparue en Israël dans les années 1960, qui ne s'est développée dans nos régions qu'à partir de 1970. Le principe général reste toujours le même : une conduite principale à faible pression alimente plusieurs lignes secondaires qui sont disposées au fond de rigoles ou à même le sol. Ces rampes sont perforées ou poreuses, ou encore comprennent des orifices dont l'emplacement dépend de la plantation. Ces orifices comportent un « goutteur » qui dispense ainsi l'eau en quantité ou débit horaire, définis en fonction des besoins des plantes.

Un système économe... et malin

Comme le goutteur distribue l'eau juste au pied de la plante, les racines se développeront de préférence dans ces volumes humides. La terre alentour ne « pompera » donc pas l'eau, et les mauvaises herbes pâtiront de la sécheresse ! En évitant l'évaporation dans l'air et les pertes dans le sol, ce système vous fera économiser entre 50 et 60 % du volume d'eau habituellement consommé ! De plus, feuilles et fleurs ne sont pas mouillées et ne risquent donc pas de développer des maladies cryptogamiques* liées à l'humidité, comme l'oïdium.

Les limites

Oubliez la micro-irrigation pour le gazon du fait de l'humidification partielle du sol – sauf si vous optez pour des tuyaux à goutteurs incorporés enterrés (voir p. 118) – ou si vous avez des petites plantes placées de manière très dense, car ce système n'est pas adapté. Dans tous les autres cas, vous pouvez la mettre en place : au potager, au verger, dans les plates-bandes, dans les jardinières, dans les pots et balconnières... Quitte, pour les massifs d'annuelles, à enlever à l'automne le matériel et à le remettre en place au printemps. Cela demande un peu de temps de mise en place, mais c'est vraiment rentable sur une saison entière d'arrosage.

ESTRAGON

Attention, comme il reste toujours un peu d'eau, tant dans les centrales d'irrigation que dans les programmateurs, n'oubliez pas de les rentrer avant les premières gelées !

Un fonctionnement simple

Ce type d'installation fonctionnant avec de l'eau à basse pression (pas plus de 2 bars), c'est une donnée que vous devez vérifier (voir p. 117). Dans le cas d'un receveur sans pompe, vous installerez celui-ci en hauteur pour générer une pression suffisante. Sachez que pour assurer une pression de 0,5 bar, une dénivellation de 5 mètres minimum est indispensable... Mais vous n'aurez pas ce genre de tracas en utilisant une pompe. Vous avez donc, au départ, des tuyaux et une centrale d'irrigation qui va réduire la pression tout en filtrant l'eau. Ensuite, c'est un jeu d'assemblage avec des tuyaux en PVC de 13 millimètres de diamètre pour les « grosses lignes » sur lesquels viennent se brancher des tuyaux de 4,6 millimètres, desservant directement le pied des plantes avec un goutteur en bout et formant des circuits

– UNE INSTALLATION TYPE –

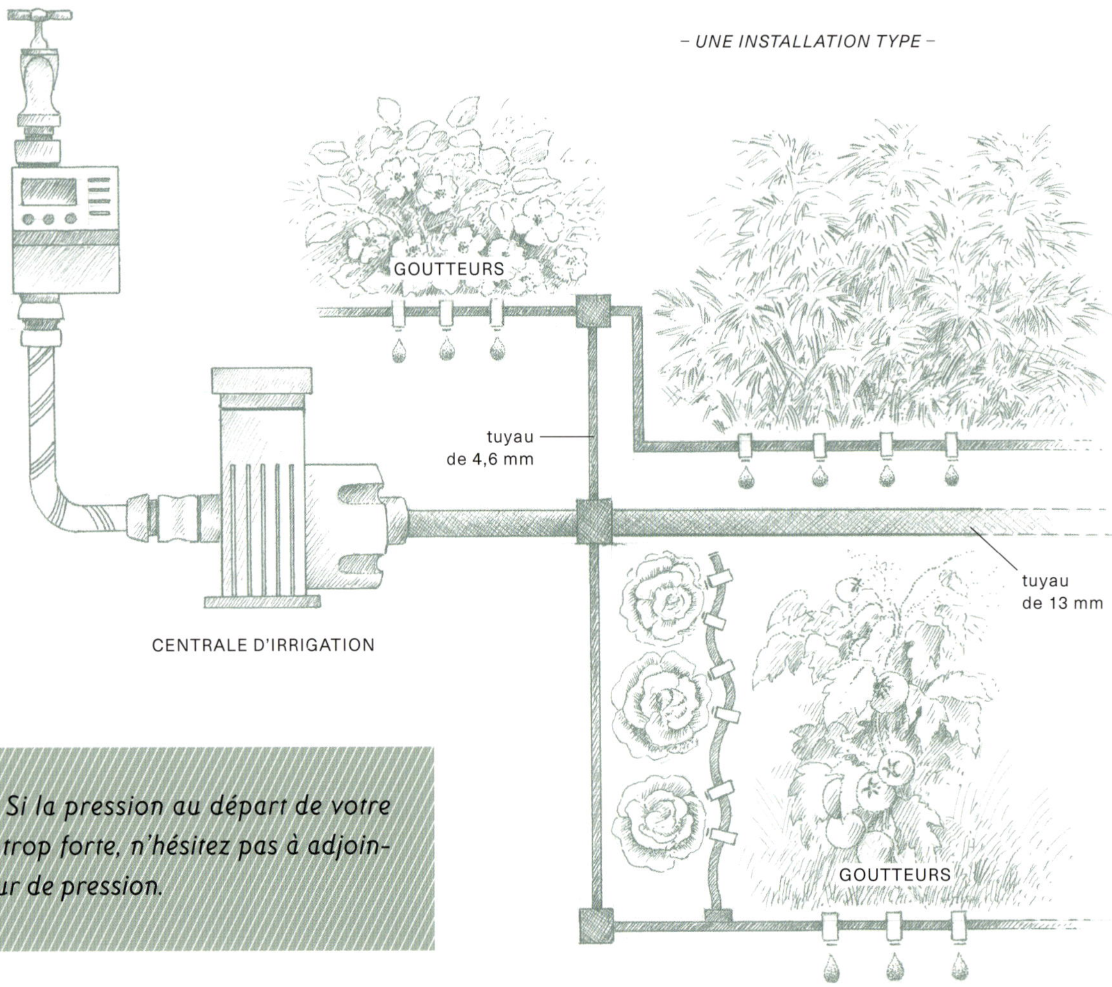

Bon à savoir > Si la pression au départ de votre installation est trop forte, n'hésitez pas à adjoindre un réducteur de pression.

complexes (boucles, croix, etc.). À partir de cette installation de base, tout est permis pour arroser au mieux vos végétaux.

La programmation

Liberté totale avec l'utilisation d'une minuterie ou, mieux, d'un programmateur qui déclenche l'arrosage même en votre absence. Ils fonctionnent sur pile, sur secteur et même avec des capteurs solaires pour être encore plus écologiques. Le programmateur permet de choisir plusieurs cycles d'arrosage ainsi que leur durée. Étant donné que ces outils ne prenaient pas en compte les jours de pluie, les fabricants ont élaboré des sondes d'humidité et des pluviomètres qui se couplent au programmateur, décidant ainsi « intelligemment » de déclencher ou non l'arrosage.

Asperseur ou goutte-à-goutte ?

Pour déterminer le type d'arroseur adéquat, choisissez :

- des goutteurs réglables de 0 à 20 l/h pour les arbustes, les massifs de fleurs et les semis ;
- des goutteurs en ligne avec un débit constant de 2 l/h pour les balconnières, les haies et les jardinières dont les plantes ont les mêmes besoins en eau ;
- des asperseurs rotatifs, oscillants ou canon, pour les bordures, les grandes plates-bandes ou les pelouses ;
- des micro-asperseurs, rotatifs ou non, pour les plantes en serre, les fleurs délicates et les salades.

Les quantités d'eau brassées étant différentes entre les goutteurs et les asperseurs, il est plus cohérent de réaliser deux réseaux.

Quant aux plantes ayant des besoins en eau spécifiques mais installées sur un même réseau de goutteurs, vous pouvez :

- varier le nombre de goutteurs par plante ;
- placer des goutteurs de différents débits ;
- installer des goutteurs réglables (ne pas confondre avec des non-réglables).

double page suivante :
Merriments Gardens

Mise en œuvre d'un goutte-à-goutte

Vous avez donc décidé d'installer un système de goutte-à-goutte pour arroser une partie de votre jardin. Voici, en images, comment le mettre en place rapidement.

Au préalable...

Faites un métré, puis un plan précis sur papier millimétré de la zone à arroser. C'est surtout important pour les végétaux pérennes, comme les arbres de votre verger ou les grosses jardinières de votre terrasse. Cela se révélera également pratique dans le cas du montage d'un arrosage à la belle saison dans vos rangs de salades. Une fois le plan établi, définissez le diamètre des tuyaux. Ceux de 13 mm vont vous permettre de confectionner la structure de votre système, son squelette. Les plus petits se branchent sur le gros et apportent, de manière souple, l'eau jusqu'à la plante. Ensuite se greffent les asperseurs, goutteurs, arroseurs oscillants...

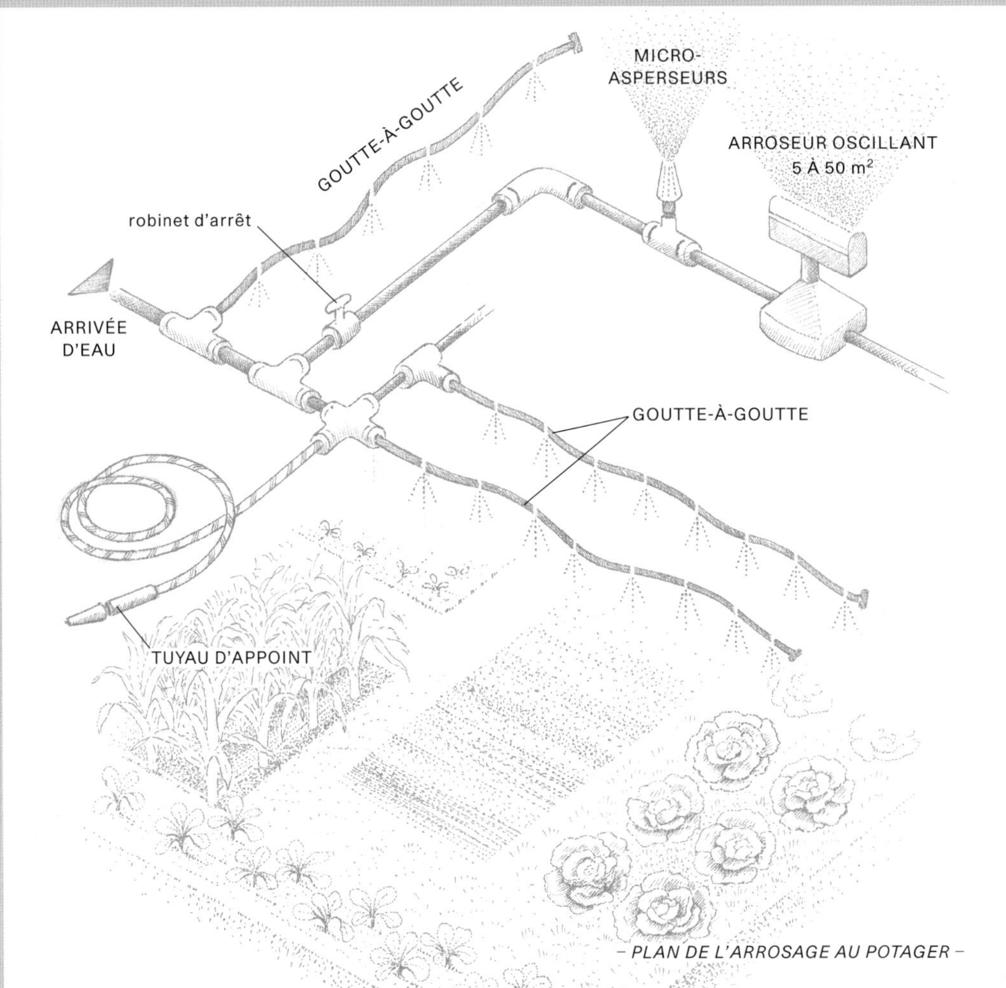

– PLAN DE L'ARROSAGE AU POTAGER –

Bon à savoir > Si vous avez opté pour l'utilisation des eaux pluviales dans votre système, faites comme les professionnels et ajoutez un purin d'orties (Urtica dioica) très soigneusement filtré à votre eau d'arrosage en utilisant une pompe spéciale collecteur d'eau. Ces feuilles d'orties hachées (1,5 kilogramme pour 10 litres d'eau) ayant macéré dans de l'eau au moins deux semaines sont un excellent stimulant biologique.

Pas à pas

1. Sur votre centrale d'irrigation reliée à l'arrivée d'eau, branchez un élément de raccordement en croix, L ou T selon vos besoins. Ajustez votre tuyau de 13 millimètres pour reprendre votre plan. Ajoutez alors les différents éléments de raccordement pour former le squelette de votre arrosage.

Bon à savoir > Attention à l'eau du robinet, elle est souvent calcaire et encrasse irrémédiablement les goutteurs. Avant d'installer un tel système chez vous, vérifiez la teneur en calcaire de votre eau.

– DES EMBOUTS MALINS –

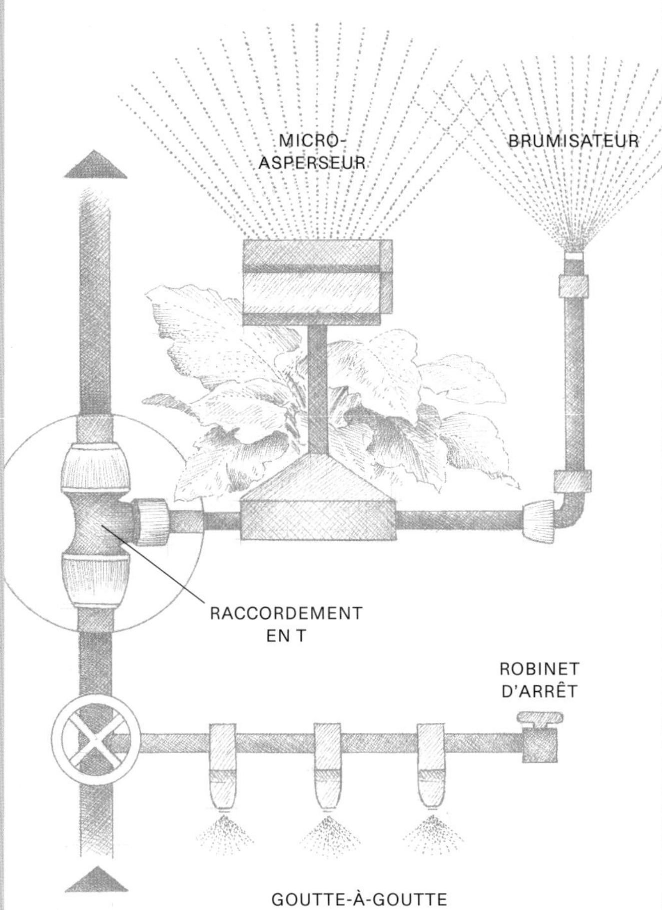

2. Vous avez aussi à votre disposition des réducteurs de diamètre qui vous permettent de passer de 13 à 4,6 millimètres.
3. À l'aide de la clé de montage, perforez les tuyaux qui recevront les goutteurs, les micro-asperseurs ou autres jonctions.
4. Pour condamner momentanément une partie du réseau, utilisez un robinet d'arrêt, tandis que vous placerez un bouchon à la fin de votre tuyau.
5. Pour que vos tuyaux restent à même le sol et ne vous gênent pas lors de vos déplacements, vous les maintiendrez en place grâce à des cavaliers.

– UN CAVALIER –

Bon à savoir > Il existe une multitude d'embouts plus malins les uns que les autres qui répondent à tous les cas de figure. Regardez, testez, faites des essais grandeur nature pour déterminer au mieux ce que vos plantes apprécient. Par exemple, pour arroser une haie, vous placerez directement sur le tuyau de 13 millimètres des goutteurs en ligne en en prévoyant un par arbuste. Dans la serre, installez plutôt des brumisateurs en hauteur qui respectent les plantes fragiles. Au potager, les goutteurs font merveille au pied des tomates, tandis qu'un micro-asperseur permet d'offrir une pluie fine à vos semis.

Sur la terrasse

Généralement de dimensions réduites, la terrasse est l'espace rêvé pour se lancer dans son premier arrosage au goutte-à-goutte. En quelques heures, une fois plan et liste des accessoires préparés, monter un tel système d'arrosage est un jeu d'enfant.

AVANT DE COMMENCER

Pour votre goutte-à-goutte, vous devez disposer d'une arrivée d'eau de proximité (eau de ville ou de récupération) sur laquelle vous couplez votre centrale d'irrigation, puis l'ensemble de l'installation.

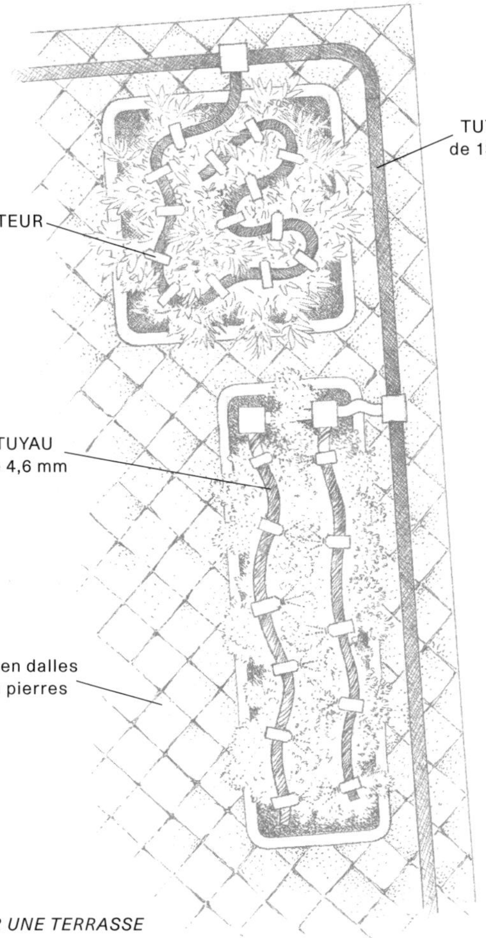

– SUR UNE TERRASSE EN DALLES OU PIERRES –

Un arrosage discret

▸ Si votre terrasse est habillée d'un sol en pierre ou pavé, vous devez faire passer les gros tuyaux derrière les pots et jardinières, tandis que les plus petits, équipés de l'embout adéquat, arriveront directement dans les pots.

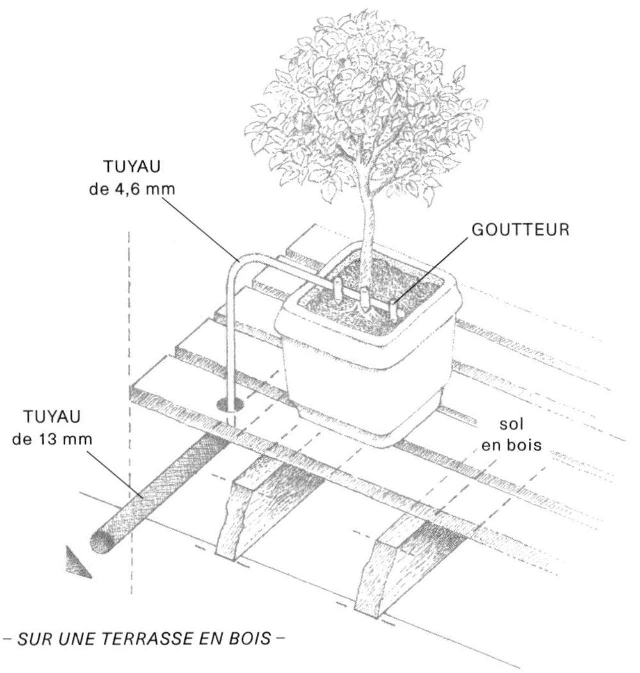

– SUR UNE TERRASSE EN BOIS –

◂ Par contre, si le sol est en bois ou composé de dalles de gravillons lavés, donc généralement monté sur des plots et décollé de la surface, vous pouvez aussi dissimuler votre installation en passant les gros tuyaux directement sous la surface, avant de percer dalles ou bois pour amener les petits tuyaux à l'arrière des potées.

page de droite :
Création Christophe Courtois

▼ Pour doser au plus juste l'arrosage de vos plantes, prévoyez 5 goutteurs en ligne (débit de 2 l/h) par mètre de balconnière sur du tuyau de 4,6 millimètres de diamètre. Utilisez des supports de tuyau pour le maintenir fermement. Pour des jardinières de plus de 5 mètres de long, disposez un tuyau de 13 millimètres de diamètre sur la longueur la moins visible, puis faites des dérivations tous les mètres, en utilisant un réducteur en croix pour créer des lignes d'arrosage avec du tuyau de 4,6, équipé d'un goutteur ou d'un asperseur.

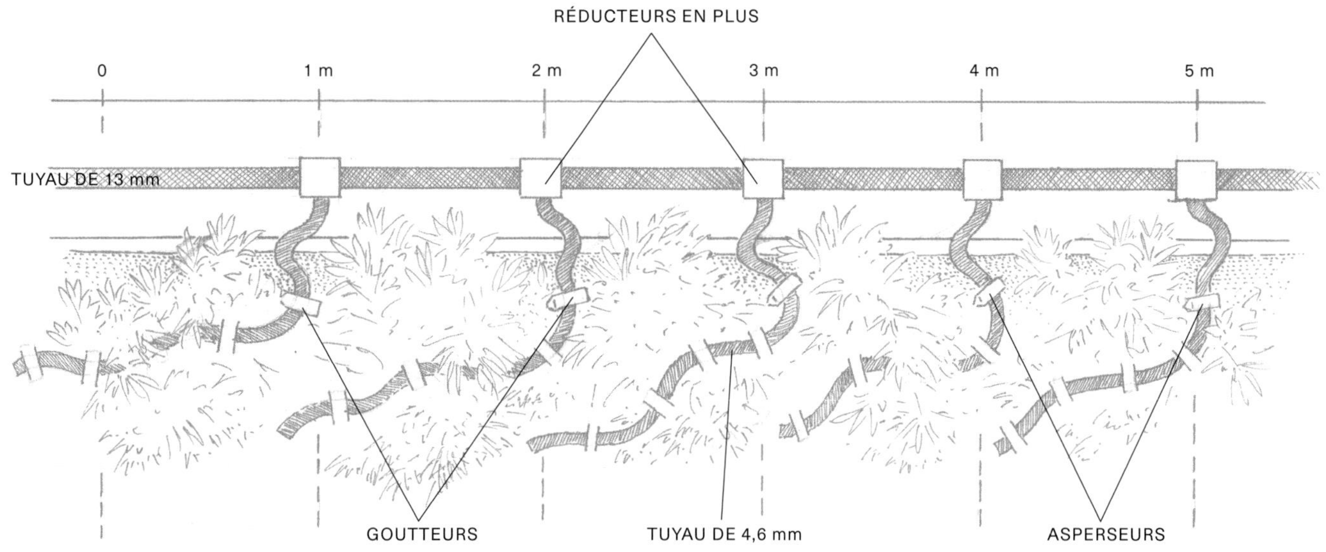

– ARROSAGE POUR UNE BALCONNIÈRE DE PLUS DE 5 m DE LONG –

Les pertes de charge

Si votre installation est très longue, il se peut que les goutteurs en fin de parcours arrosent moins généreusement que ceux du début. En passant à travers le tuyau, l'eau perd un peu de sa pression, de sa force, mais cette perte de charge est moins importante dans le cas de tuyaux neufs et dont l'intérieur est parfaitement lisse. Tenez en compte lors de la création de votre installation qui peut être partagée en plusieurs réseaux, alimentés alternativement grâce à un programmateur couplé à un sélecteur de circuits (2 ou 4 circuits).

Calculer la capacité de l'installation

Ouvrez le robinet en grand et remplissez un seau de 12 litres en comptant le temps nécessaire au remplissage. Multipliez la contenance du seau par 3600, puis divisez par le nombre de secondes obtenu. Vous avez le débit à l'heure de votre point d'eau.

Par exemple :
votre seau de 12 litres a mis 18 secondes à se remplir. Le débit maximum du robinet est de : 12 x 3 600 ÷ 18 = 2 400 l/h.
Pour un asperseur au débit de 40 l/h, vous savez ainsi que vous pouvez utiliser 2 400 ÷ 40 = 60 asperseurs sur votre installation.

page de gauche :
Création Christophe Courtois

CAS PRATIQUE

Arrosage de vacances

Vous avez découvert les joies du programmateur qui vous permet d'oublier allègrement d'ouvrir le robinet? Mais connaissez-vous l'arrosoir de vacances qui donne à boire à vos plantes durant votre absence?

Une idée astucieuse ▸

Si vous avez une arrivée d'eau sur votre terrasse, vous pouvez prévoir un arrosage ponctuel en utilisant différents répartiteurs adaptés aux besoins de chaque plante, les arrosant entre 15 et 60 minutes par jour. Même si vous n'avez pas l'eau courante, ce système se double d'un réservoir de 9 litres qui offre une autonomie de plusieurs semaines...

– ARROSOIR DE VACANCES AVEC RÉSERVE D'EAU –

Un arrosage encore plus efficace ▸

Le seul souci avec le goutte-à-goutte, c'est l'apparition d'un chevelu racinaire* absorbant dense mais très localisé, ce qui fait que le volume de sol exploré par la plante reste faible, localisé en surface, les racines ne possédant que peu de réserve en eau. Vous pouvez pallier ce désagrément, qui fragilise vos plantes, en les incitant à développer leurs racines plus profondément. Pour cela, enfoncez dans le sol, sous chaque goutteur, un petit tuyau en plastique rigide (type tube électrique).

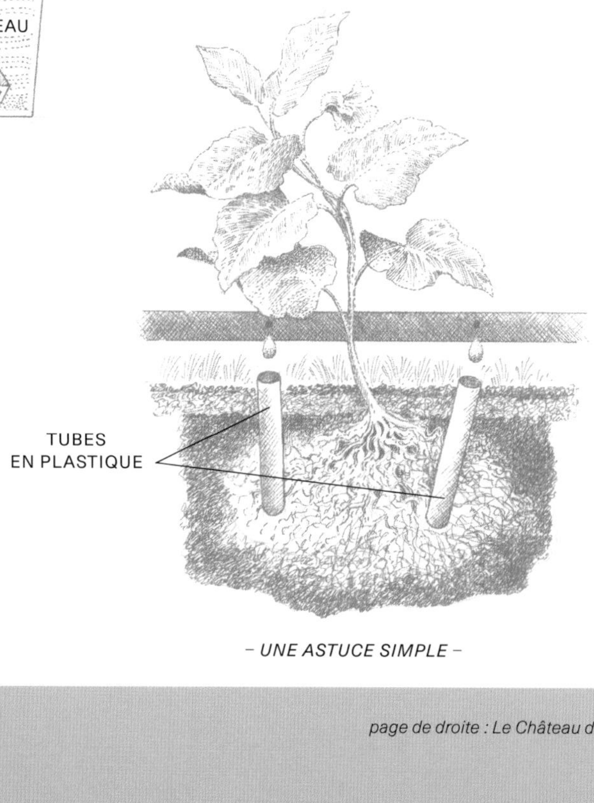

– UNE ASTUCE SIMPLE –

page de droite : Le Château de Raissac

Tuyaux poreux et tuyaux à goutteurs

Variante de la méthode d'irrigation par jarre poreuse, le tuyau poreux répand de l'eau dans le sol le long d'une ligne horizontale continue, plutôt qu'en des emplacements éloignés les uns des autres.

Cette méthode, très souple puisque vous disposez votre tuyau où bon vous semble, est donc plus adaptée pour les cultures en ligne peu espacées, disposées en planches comme au potager. Ne nécessitant qu'une très faible pression (0,5 bar), ils dispensent environ 9 litres au mètre et à l'heure sur toute leur longueur.

Bon à savoir > Ces mêmes tuyaux à goutteurs incorporés existent aussi pour l'arrosage de surface... Ils sont d'une utilisation encore plus souple et très faciles à installer.

Tuyaux à goutteurs enterrés, une innovation intéressante

Pour bénéficier de la souplesse de la micro-irrigation pour votre pelouse, tout en dissimulant les tuyaux, il existe désormais des tuyaux à goutteurs incorporés enterrés. Installés à 20 centimètres de profondeur, invisibles, ils conviennent aussi bien aux rangs de légumes qu'à la pelouse, dont ils rendent l'enracinement plus profond. Mais ils sont particulièrement intéressants dans les cas de terrains en pente. En effet, avec un régulateur de pression pour un débit constant, ils permettent d'arroser lentement, sans risque de ruissellement, ni de formation de flaques. Un astucieux système de fermeture automatique dès la fin du cycle et une barrière anti-racine empêchent la pénétration de particules de terre ou la détérioration rapide des tuyaux. Vous avez la possibilité de connecter jusqu'à 200 mètres de tuyaux, si la centrale d'irrigation est placée au milieu.

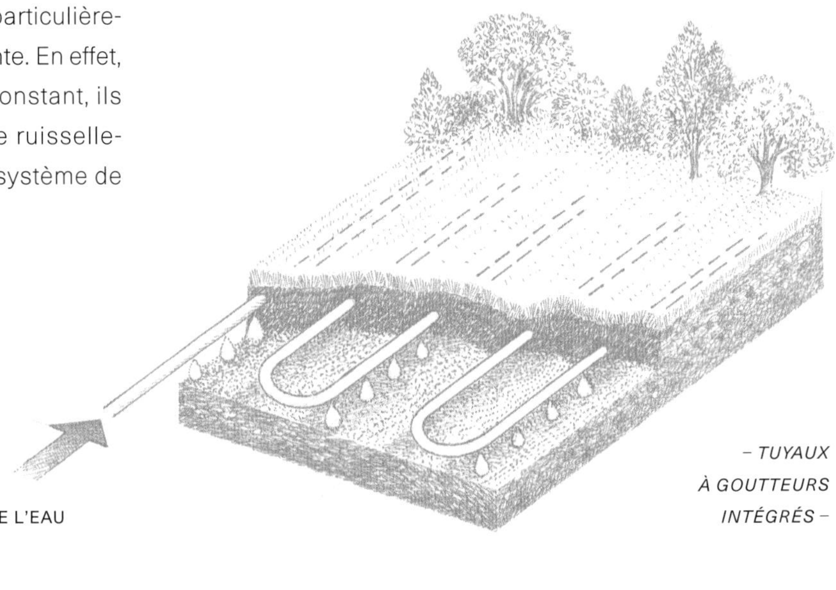

– TUYAUX À GOUTTEURS INTÉGRÉS –

L'arrosage enterré

Avec ses buses escamotables, ses programmateurs et ses sondes d'humidité, l'arrosage enterré semble plus approprié à un espace public qu'à un jardin amateur. Et pourtant, à partir d'une surface de 50 m^2 et dans le cas d'une création de jardin ou de travaux importants autour de la maison, c'est une solution à envisager.

Un peu d'histoire

C'est le souci de libérer le jardinier qui a évidemment conduit à l'automatisation de l'arrosage. Un peu plus tard, on s'est rendu compte que tuyaux et asperseurs rotatifs n'étaient pas des plus esthétiques au milieu d'une pelouse. Réservé à l'origine aux parcs et jardins publics, l'arrosage enterré fait une percée non négligeable chez les particuliers. Et tous les paysagistes vous le diront : dans un jardin, un bon arrosage est un arrosage qui, outre son efficacité, ne se voit pas !

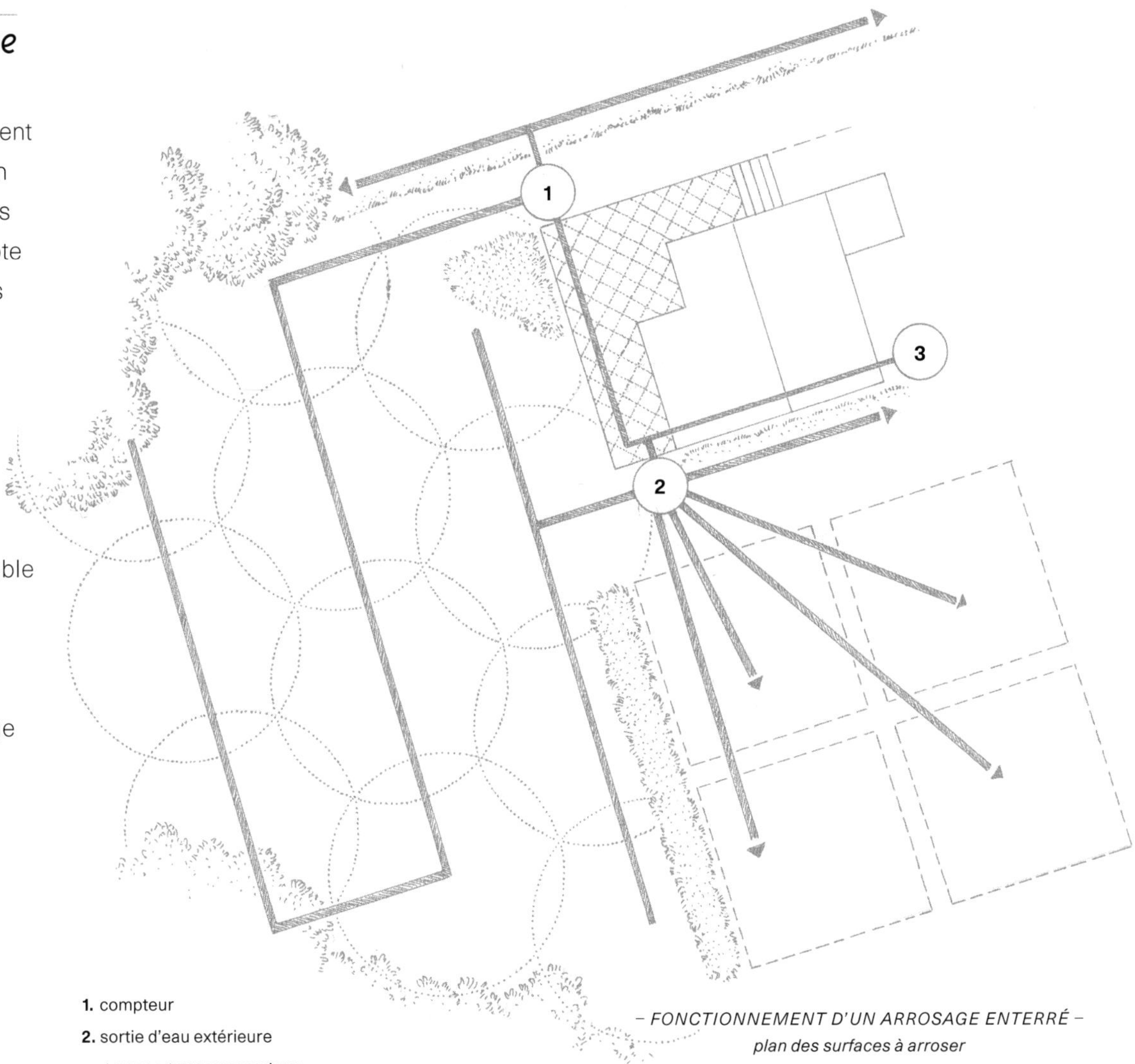

1. compteur
2. sortie d'eau extérieure + vanne + programmateur
3. vanne + programmateur

– FONCTIONNEMENT D'UN ARROSAGE ENTERRÉ –
plan des surfaces à arroser

L'arrosage enterré chez vous

Si vous possédez un jardin ancien et que vous n'envisagez pas de faire de gros travaux, type creusement de tranchées ou terrassement important, oubliez l'arrosage enterré et utilisez un système de surface, certes plus contraignant mais qui ne va pas bouleverser votre jardin.

Par contre, si vous souhaitez créer une pelouse, modifier de manière radicale vos plates-bandes ou creuser un énorme trou pour la future réserve d'eau juste devant la maison... alors l'arrosage intégré peut vous concerner !

Comment ça fonctionne ?

L'arrosage enterré utilise un réseau de canalisations divisé en tronçons et des arroseurs escamotables encastrés au ras du sol. Sous l'effet de la pression de l'eau, ces derniers émergent de leur boîtier, diffusent l'eau en pluie (d'où le nom de « pluie artificielle ») et se rétractent dès que l'eau est coupée. Simple !

Par contre, avant même d'envisager une telle installation, vous devez vérifier la pression dont vous disposez, que votre future installation soit branchée sur le réseau d'eau de la ville ou sur votre citerne de récupération des eaux pluviales. Vous devez en effet disposer d'une pression supérieure à 2 bars mais inférieure à 5 bars et d'un débit minimum de 1 500 à 2 000 l/h au départ de votre installation. Ces données sont primordiales car ce sont elles qui imposeront le nombre de circuits à réaliser !

Le débit est, en général, inscrit sur le contrat d'abonnement à votre compagnie des eaux. Mais il est prudent de le contrôler. Pour cela, ouvrez en grand votre robinet et mesurez le temps nécessaire pour remplir un seau de 10 litres. Le débit en m^3/h s'obtient en divisant le contenu du seau par le temps en secondes et en multipliant le résultat par 3,6.

Pour vérifier la pression, il faut installer un manomètre à l'arrivée d'eau et mesurer la pression quand tous les autres robinets sont fermés. Il sera alors temps de prévoir une pompe, conseillée pour pallier un manque de pression, ou un réducteur de pression.

Un plan précis

Là encore, un plan extrêmement précis de votre jardin, sur papier millimétré, est indispensable. Vous y indiquerez les surfaces à arroser (potager, pelouse, massifs), celles à ne pas couvrir (terrasse, chemin...), ainsi que tous les obstacles (arbres, haies). Pour déterminer les produits nécessaires à l'installation, vous devez aussi mentionner les arrivées d'eau (compteur, robinet, fontaine et réservoir).

Certains logiciels aident à réaliser ce type de plan. Ils équilibrent d'eux-mêmes les réseaux et, en plus, ils sortent automatiquement la liste du matériel nécessaire. Pourquoi s'en priver ?

Notions techniques

Dès que le plan de votre jardin sera tracé, vous serez confronté à des problèmes techniques... Qui sont assez faciles à résoudre !

Pour un fonctionnement optimal des arroseurs, votre réseau d'arrosage enterré se composera de plusieurs éléments :

- **Des canalisations** : ce sont des tuyaux de polyéthylène de diamètre 19, 25 ou 32 millimètres, répartis en zones d'irrigation, posés dans des tranchées de 30 à 40 millimètres de profondeur minimum pour les protéger du gel. Par sûreté, si elle n'est pas déjà intégrée, équipez votre réseau d'une purge automatique qui vide complètement le réseau à la fin de chaque cycle.
- **Des régulateurs du réseau**, reliés au programmateur, bloc-vannes 1 ou 2 voies ou les électrovannes, régulent le débit des différents réseaux.
- **Un programmateur** : suivant le confort souhaité vous opterez pour un programmateur une voie ou multivoie, mural (avec câble), sur console (sans câble) ou avec télécommande à distance. Les options de réglage sont nombreuses : durée et nombre de cycles d'arrosage journalier, heure de départ, choix des jours de fonctionnement...
- **Un pluviomètre électronique et une sonde d'humidité** sont facultatifs mais permettent de réaliser des économies d'eau appréciables.

Bon à savoir > Pour un arrosage efficace, vous devez prévoir, grâce à 2 arroseurs différents, que l'arrosage se chevauche d'environ 50 % sur chaque zone. Comptez une distance de 4 à 7 mètres entre les tuyères et de 3 à 5,5 entre les turbines.

Turbines ou tuyères ?

C'est le petit nom des asperseurs... Les tuyères sont réservées aux surfaces réduites (50 à 80 m^2 maximum). Les turbines à débits différents couvrent les grands espaces. Vous pouvez évidemment « mixer » les deux, simplement, n'utilisant pas le même débit d'eau, elles doivent être installées sur des réseaux séparés.

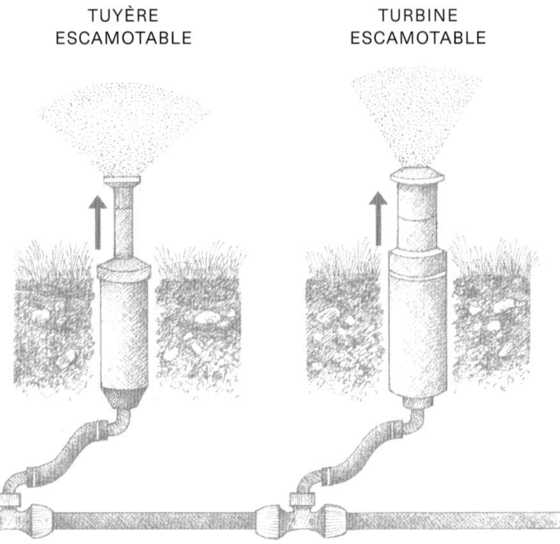

– TUYÈRE ET TURBINE –
des arroseurs escamotables

Un réseau ou plusieurs ?

Pour répondre à cette question, vous devez au préalable estimer la consommation globale d'eau, la pression dont vous disposez, comparée à la capacité de raccordement et au nombre d'arroseurs indispensables...

Sur le plan millimétré, reportez les arroseurs en y traçant leur rayon d'action. Commencez par les angles du terrain avec des arroseurs réglés sur 90°, puis les côtés avec un réglage sur 180°, puis les angles de la maison et de la terrasse avec les arroseurs réglés sur 270°. Vous disposerez au centre les arroseurs réglés sur 390°. Ils fonctionneront par groupe, les uns après les autres, car la quantité d'eau disponible au robinet est souvent insuffisante pour les alimenter tous en même temps. C'est donc le débit d'eau qui conditionne la capacité de raccordement et donc le nombre de réseaux à créer pour recevoir le nombre d'arroseurs indispensables.

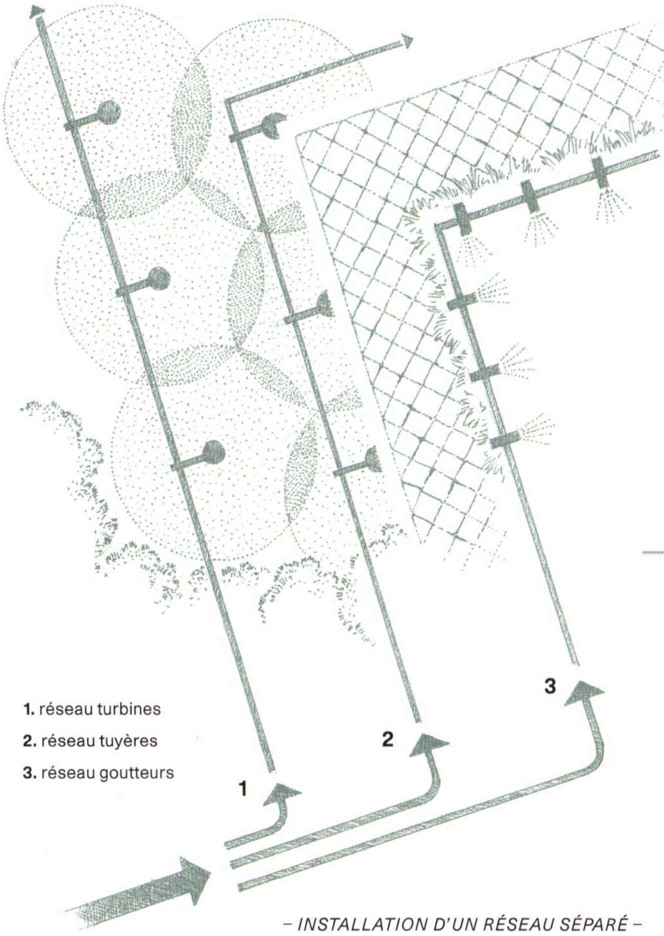

– INSTALLATION D'UN RÉSEAU SÉPARÉ –

Et la grosseur des tuyaux ?

Pour une installation simple et de taille modeste, optez pour du diamètre 19 millimètres qui se monte comme un véritable jeu d'assemblage, puisque turbines et tuyères se raccordent sur le tuyau principal sans perçage... C'est même assez amusant de faire ça avec les enfants, rompus, en général, à ce genre d'exercice !

Si votre installation est plus importante ou plus complexe, avec des sollicitations fortes au niveau de la pression, vous choisirez des tuyaux de diamètre 25 ou 32 millimètres. En PVC rigide, ils se percent à l'aide d'un emporte-pièce et se coupent facilement. Coudes, tés et raccords se montent sans problème à la main sur les tuyaux pour former les réseaux voulus.

double page suivante : Le Clos de la Fontaine

Mise en œuvre d'un système d'arrosage enterré

Vous avez tracé votre plan, déterminé la quantité d'asperseurs et le nombre de réseaux… Maintenant, à vos bêches !

ci-dessous :
Le Prieuré d'Orsan

1. Sur le sol, reportez votre plan à l'aide de plâtre. Repérez précisément l'emplacement des différents arroseurs et des tranchées, le plus rectiligne possible, en évitant toutefois de passer trop près des haies ou des arbres pour ne pas abîmer les racines.

2. Pour que votre jardin retrouve toute sa beauté le plus rapidement possible après l'installation, découpez votre pelouse en bande d'une vingtaine de centimètres de large et de 50 centimètres de long, selon le tracé des tranchées. Dégagez ces bandes en coupant les racines avec la bêche que vous tiendrez presque à l'horizontale. Mettez ces plaques de côté, bien à plat, à l'ombre et sans les empiler.

– COMMENT PROTÉGER VOTRE PELOUSE –

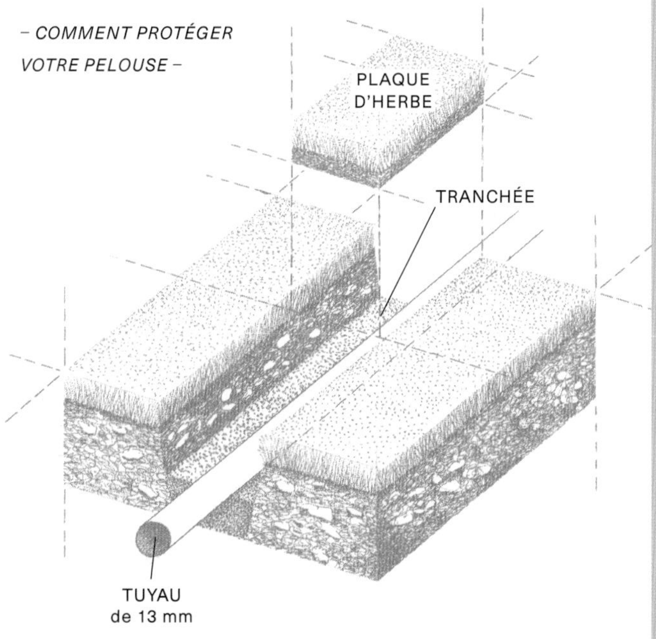

Bon à savoir > Encore plus précis qu'un plan, faites des photos de votre jardin en travaux, avec des points de repère précis. Le jour où, pour une raison inconnue, vous serez obligé de creuser, vous saurez exactement où se trouvent les tuyaux.

3. Creusez votre tranchée sur une trentaine de centimètres de profondeur, en ayant soin d'étaler une feuille de plastique qui recevra la terre excavée.

4. Après avoir étalé un lit de sable au fond de la tranchée, déroulez les tuyaux en polypropylène bien au soleil ; la chaleur amollira le tuyau qui sera plus facile à manipuler. Il aura moins tendance à vouloir se remettre en couronne, ce qui, à la longue, est exaspérant !

5. Pour chaque arroseur, montez le collier de prise en charge sur le tuyau d'alimentation générale avec le joint torique* d'étanchéité. Percez avec une mèche à bois de 12 millimètres. Pour faciliter le montage de ses arroseurs, Gardena propose un emporte-pièce qui évite l'utilisation d'une perceuse et perfore le tuyau sans l'endommager ni laisser d'impuretés à l'intérieur, puisqu'il récupère la pièce découpée. Sur les tuyaux de 25 millimètres de diamètre, les arroseurs (tuyères, turbines et oscillants) se raccordent sans perçage, directement sur le tuyau à l'aide d'un nouvel adaptateur en L, dont ils sont tous équipés. L'étanchéité des connexions est assurée par des colliers de serrage.

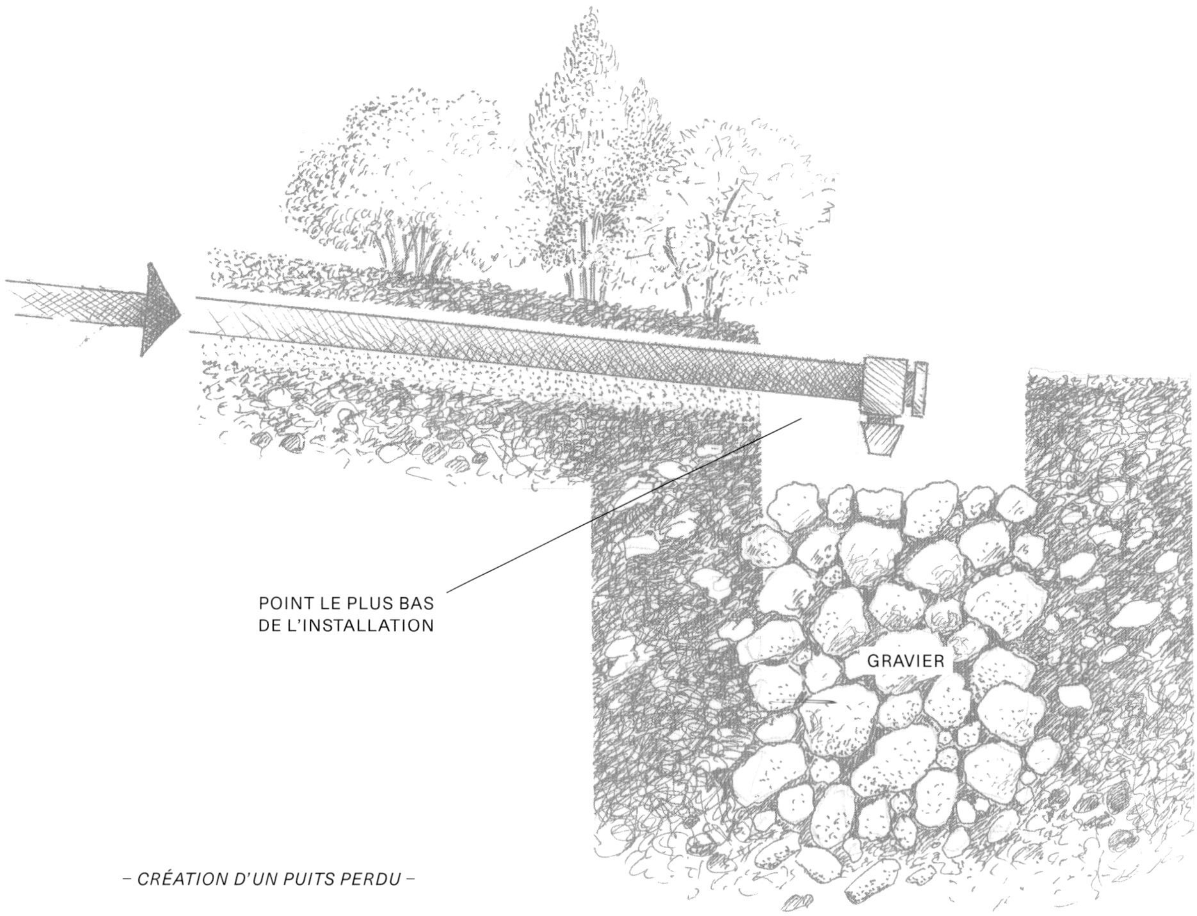

– CRÉATION D'UN PUITS PERDU –

6. Au bout de chaque tronçon, mettez en place – si elle n'est pas intégrée – la purge automatique. Dès que l'eau est arrêtée, la vidange se fait d'elle-même. Placez l'extrémité du tuyau dans le point le plus bas de votre installation et remplissez la tranchée avec du gravier sur 50 centimètres de long pour former un puits perdu.

Bon à savoir > Recouvrez tous les tuyaux au fond de leur tranchée par un filet de couleur bleue... Si l'on intervient rarement en profondeur sur la pelouse elle-même, il n'en va pas de même si vous avez installé un arrosage enterré dans vos plates-bandes, où les plantes sont souvent transplantées.

7. Installez chaque arroseur à l'emplacement définitif prévu, la face supérieure étant au même niveau que le gazon ou la terre. Réalisez la jonction à la conduite d'alimentation avec les raccords et colliers.

8. À l'autre extrémité des tuyaux, mettez en place les électrovannes. Elles sont en général toutes regroupées à proximité de l'alimentation d'eau. Placez-les dans un coffre enterré afin de pouvoir y accéder par la suite.

9. Mettez alors en place le véritable cerveau de l'installation, le programmateur. Vous l'installerez à l'abri de la pluie directe, dans la maison ou dans un endroit protégé. Branchez l'alimentation électrique sur l'arrivée du secteur s'il le faut.

10. Raccordez les électrovannes au collecteur d'eau à l'aide d'un flexible souple. Vérifiez l'étanchéité des joints et raccords. Raccordez les fils de commande au programmateur en vous assurant que les connexions sont protégées de l'humidité.

11. Nettoyez le réseau en ouvrant manuellement les vannes. L'eau évacuera les déchets tombés dans les tuyaux.

12. Pour contrôler la bonne marche du système, remontez les buses des arroseurs et faites fonctionner le système, tronçon après tronçon, pour vérifier que chaque accessoire se comporte correctement. Testez chaque électrovanne à l'aide du départ manuel. Cette opération peut sembler superflue... mais elle est beaucoup plus simple à ce stade que lorsque vous aurez tout rebouché !

13. Rebouchez les tranchées avec la terre en tassant modérément et replacez les plaques de gazon. Assurez-vous auparavant que chaque arroseur affleure le sol. Trop haut, il serait scalpé par la tondeuse. Trop bas, il serait vite encrassé par les tontes et la terre.

Bon à savoir > Attention au niveau, il est important, pour la bonne marche de l'installation et sa durée de vie, que la partie supérieure des tuyères, turbines et dans une moindre mesure des électrovannes, affleure le sol. Pensez donc à les caler soigneusement, en humidifiant, puis en tassant le remblai.

– UNE IMPLANTATION AU MILLIMÈTRE –

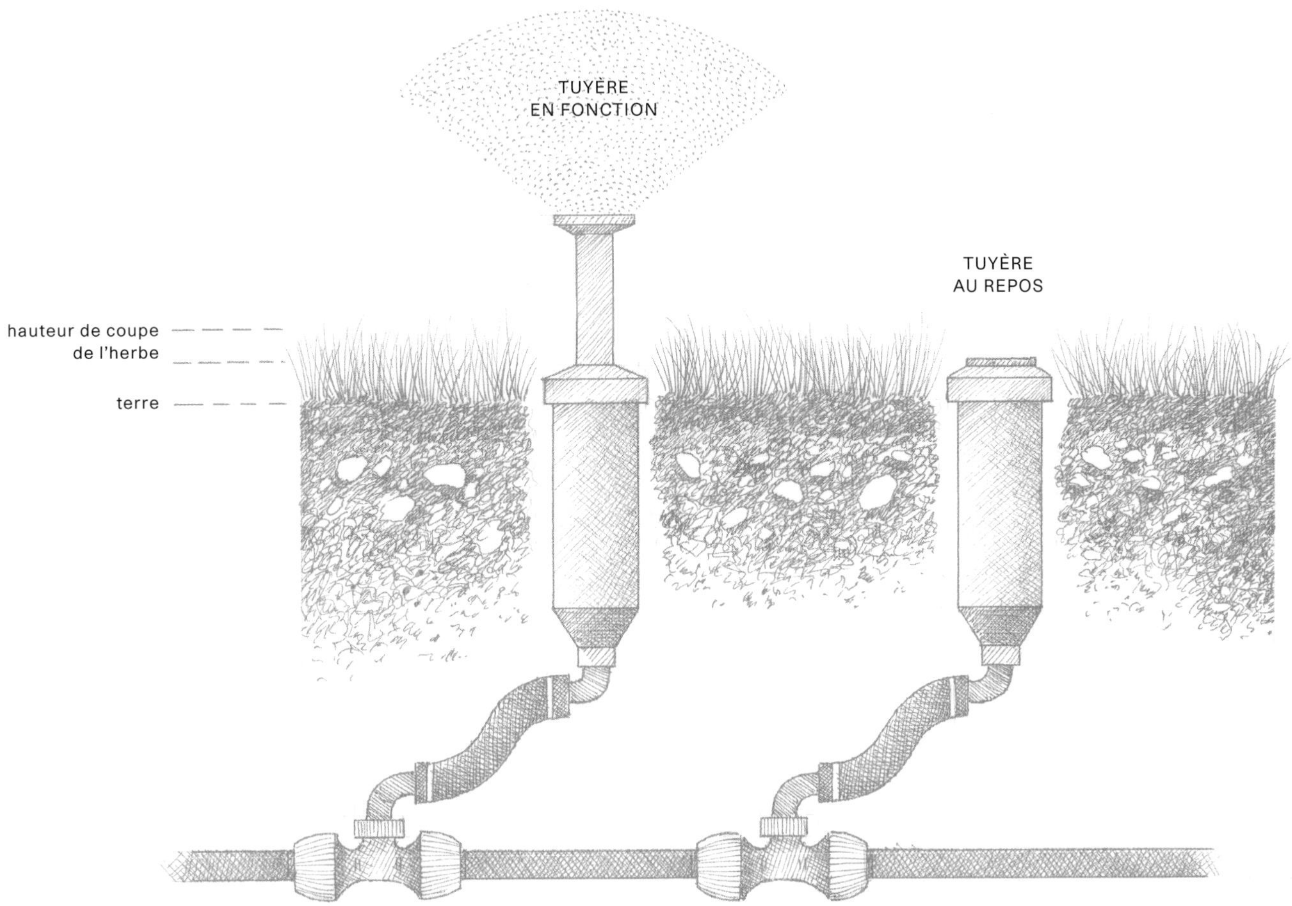

La pelouse

Pelouse, tapis vert, prairie...
Peu de jardins ne possèdent pas une zone enherbée plus ou moins grande. Autrefois, les moyens d'arrosage rudimentaires ne permettaient pas de maintenir bien vertes les pelouses. Avec l'arrivée de l'arrosage enterré ou des asperseurs, tout est permis ! Mais n'en abusez pas, car écologiquement... il y a mieux !

La fierté du jardinier ?

Corollaire du développement de l'habitat pavillonnaire, la pelouse verte et rase devant la maison est apparue récemment. Elle est représentative aussi de notre rapport au jardin et à l'eau. Un tapis vert bien conduit, sans un brin qui dépasse ou une mauvaise herbe, reflète une forme de perfectionnisme qui fait la fierté du jardinier... À l'inverse, une pelouse traditionnelle correctement entretenue présente une certaine forme de biodiversité et de richesse botanique, paradis des insectes et des papillons, avec zéro arrosage et bien moins d'entretien !

Typique du nord-ouest de l'Europe, où les pluies sont abondantes et bien réparties tout au long de l'année, le **boulingrin** (de l'anglais *bowling green*) n'a pas grand-chose à faire sous un climat sec ! Alors pourquoi ne pas remplacer votre gazon par une prairie fleurie, sauvage et plus résistante au manque d'eau ?

Créer une prairie sauvage

Depuis peu, vous trouverez en jardinerie des mélanges tout prêt « prairie sauvage » composés de graminées et de vivaces adaptées à la sécheresse, xérophiles ou mésophiles. Achillée, origan, marguerite, luzerne, trèfle blanc, sainfoin, sauge des prés, diverses fétuques jolies et ultrarésistantes... Et pourquoi ne pas pratiquer « la jonchée » : il s'agit d'étaler sur le terrain à ensemencer le foin coupé le jour même dans

une prairie bien fleurie des environs. Retournez régulièrement le foin et enlevez-le au bout de 2-3 semaines, il aura eu le temps de laisser tomber ses précieuses graines.

Comment faire ?

Si votre sol est nu, le mélange doit être composé d'environ 80 % de graminées à croissance lente et 20 % de fleurs vivaces, puis semé à la volée à raison de 1 à 2 grammes par m^2. Pour une meilleure répartition lors de l'ensemencement, mélangez les graines à du sable humide ou de la sciure. La couleur claire permet de mieux répartir les semences. N'enfouissez pas trop profondément les graines, quelques millimètres suffisent. Un coup de râteau avant et le passage d'un rouleau après, puis un arrosage délicat en pluie fine...

Bon à savoir > Il ne faut pas exagérer le risque de transformation de votre prairie en paillasson durant l'été... Vous pouvez toujours mettre en place un arrosage ponctuel, sous la forme d'un asperseur rotatif si vous trouvez que son aspect est vraiment inacceptable. Sachez cependant qu'en de telles circonstances, dans une prairie existant depuis plusieurs années, une sélection naturelle s'effectue en faveur d'espèces résistantes à la sécheresse, qui vont peu jaunir de sorte que sous la plupart des zones climatiques, le « paillasson » n'apparaîtra que lors d'épisodes particulièrement caniculaires.

CAS PRATIQUE

Pelouse verte et arrosage

Si vous souhaitez obtenir une surface engazonnée qui ne demande pas trop d'entretien et soit peu gourmande en eau, outre un choix raisonné des graminées et vivaces le composant, vous installerez un arrosage enterré qui reste le système le plus économe.

– LES DIFFÉRENTES ZONES À ARROSER –

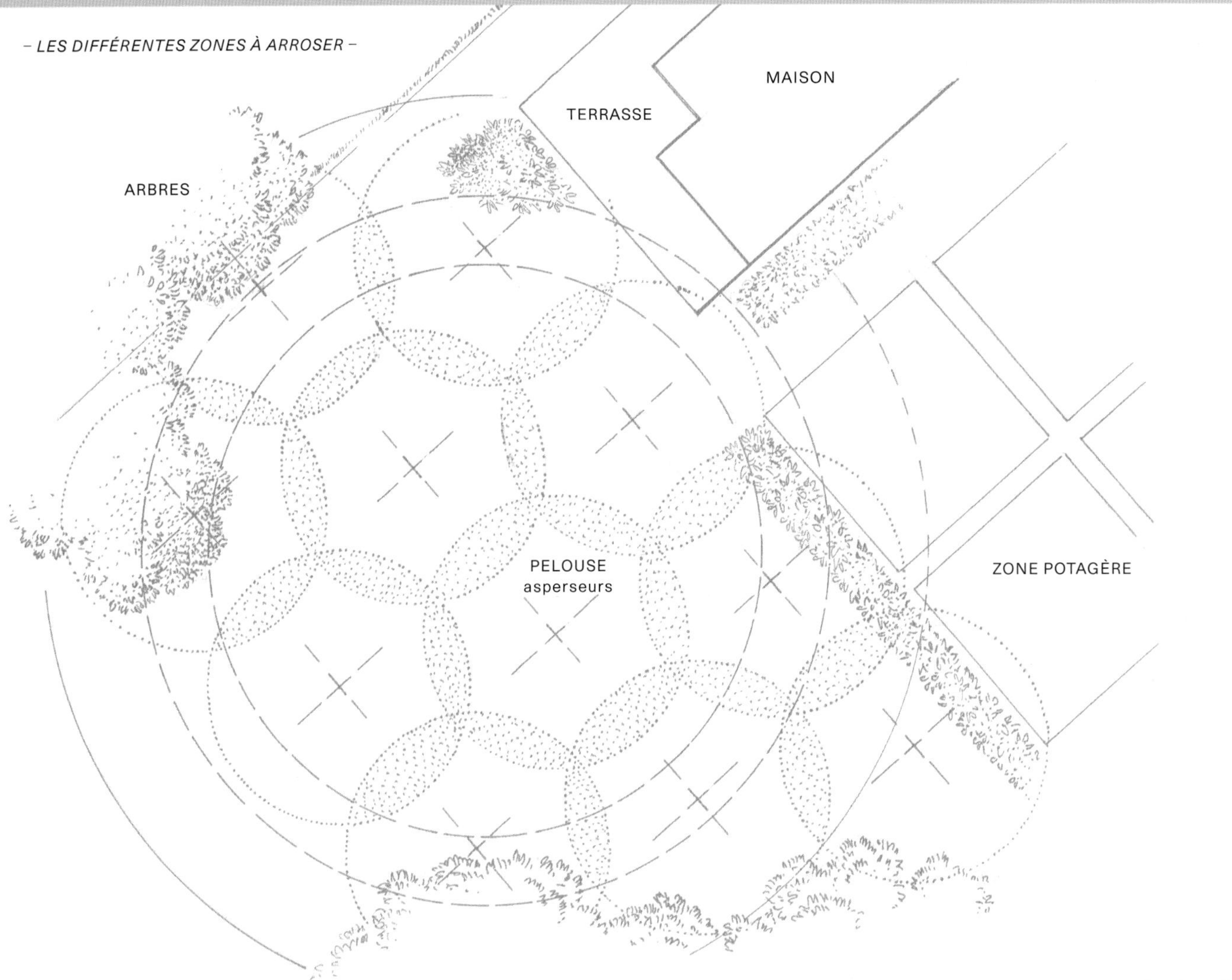

AVANT DE COMMENCER

Si vous n'utilisez pas les eaux pluviales récupérées dans votre receveur, renseignez-vous sur la pression dont vous pouvez disposer sur le réseau. Faites ensuite un schéma précis de votre terrain pour disposer au mieux les asperseurs. Un des problèmes principaux dans l'utilisation des asperseurs reste la difficulté à superposer la surface réellement arrosée à celle qu'il convient d'arroser. Pour disposer d'une plus grande souplesse d'adaptation, les fabricants ont créé des asperseurs rotatifs à secteurs réglables.

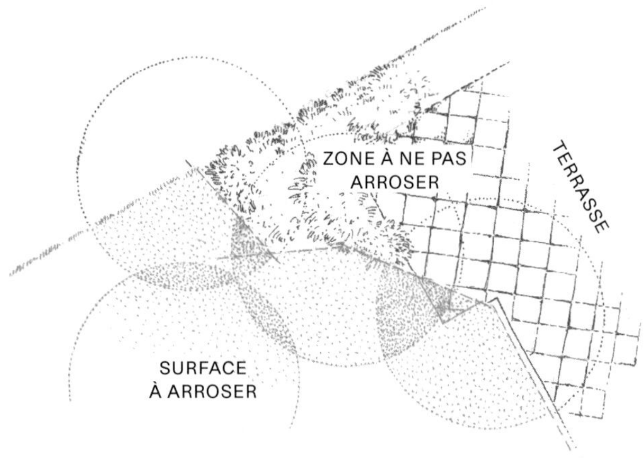

– AVANTAGES D'UN ASPERSEUR MULTISURFACE –

Un réglage à soigner

Lorsque vous allez faire votre schéma et donc dessiner les surfaces arrosées par les asperseurs, vous allez vite constater que certaines zones sont arrosées deux fois plus que d'autres ! Vous devrez donc ajuster soigneusement la zone d'arrosage de chaque asperseur.
Selon la forme du terrain à arroser, vous choisirez un simple arroseur oscillant ou un asperseur multisurface. En effet, tout nouveau, cet asperseur multisurface AquaContour permet d'arroser une zone de 380 m^2 en ayant à sa disposition pas moins de 50 trajectoires enregistrables tenant compte des contours irréguliers de votre jardin...

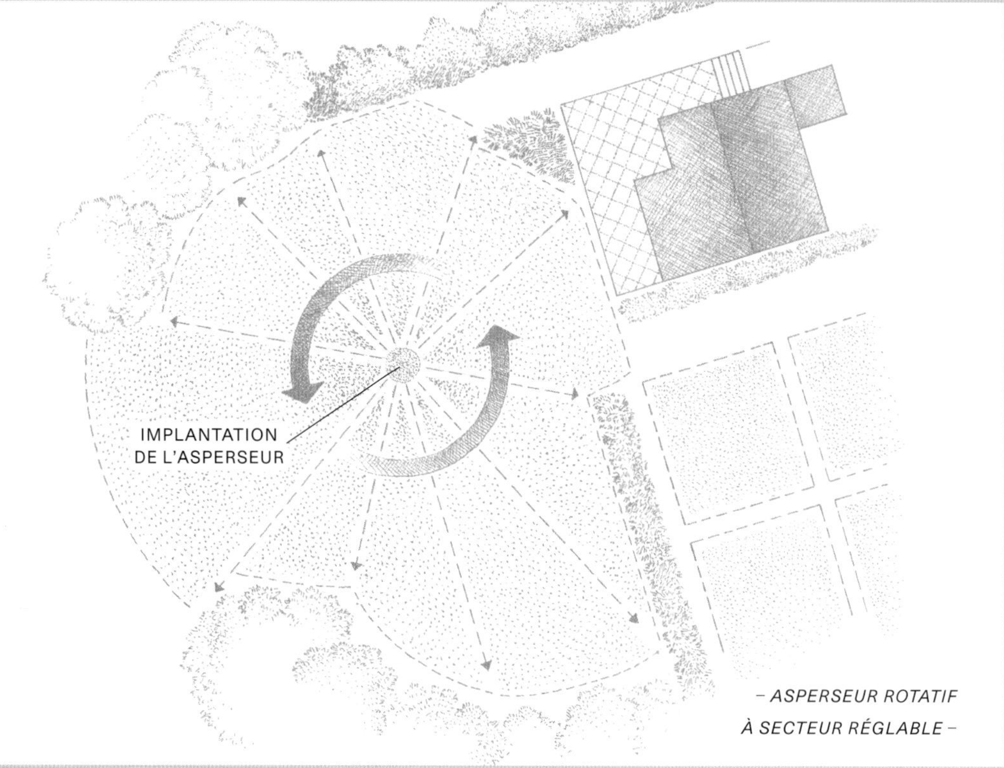

*– ASPERSEUR ROTATIF
À SECTEUR RÉGLABLE –*

Tondre au bon moment et à la bonne hauteur

Au printemps et en automne, périodes de pousse active, une tonte par semaine est la règle. Par contre, un gazon d'ornement doit être tondu au moins deux fois par semaine ! Les prairies plus sauvages ne demandent qu'une tonte au printemps et à l'automne, avec des petits sentiers d'herbes tondus chaque semaine, comme dans le fameux jardin de Great Dixter dans le Sussex en Angleterre...
Si vous tondez peu souvent, la tonte sera plus difficile et prendra beaucoup plus de temps. Intervenez en fin de matinée, lorsque la pelouse est sèche et les insectes vivaces, la coupe sera plus efficace et vos voisins vous remercieront ! Ne faites pas une coupe de plus de 1/3 de la hauteur de l'herbe, et sachez qu'un gazon court est plus sensible à la sécheresse.

Doser correctement la quantité d'eau

Globalement, il ne faut pas arroser souvent mais copieusement... En effet, les arrosages trop fréquents empêchent les racines de se développer vers le bas pour rechercher l'humidité. Ceci est valable pour toutes les plantes, mais encore plus vrai pour le gazon dont le système racinaire reste superficiel. Pour une pelouse mature, entre 3 et 5 l d'eau/m² et par semaine semble être une bonne moyenne – s'il ne pleut pas – pour que l'eau s'infiltre jusqu'à 10 centimètres de profondeur dans le sol. Comptez donc environ 15 à 20 minutes avec l'arrosage enterré.

– SYSTÈME RACINAIRE DU GAZON –

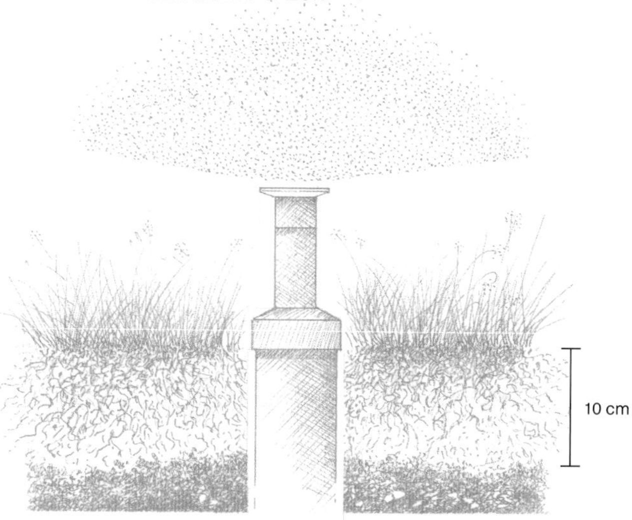

Une pelouse établie sur un sol sablonneux sera irriguée moins longtemps, puisque l'eau pénètre plus facilement, mais plus souvent dans la mesure où le sol s'assèche rapidement. À l'inverse, une pelouse qui pousse sur un sol argileux sera arrosée un peu plus longtemps mais moins souvent. Pour que le sol soit bien humide, il est préférable d'arroser lentement, sous la forme de fines gouttelettes, surtout pour les sols argileux ou fortement inclinés qui ne peuvent absorber beaucoup d'eau à la fois. L'intensité pluviométrique des asperseurs étant importante, il faut vérifier très régulièrement l'apparition de flaques ou de ruissellement et interrompre immédiatement l'arrosage. N'attendez pas que votre gazon jaunisse pour l'arroser car cette pratique est très consommatrice en eau et il est souvent difficile de le « rattraper ». Pour les jardiniers néophytes, l'utilisation d'une sonde d'humidité est toujours pleine d'enseignement.

La plantation

L'époque idéale reste l'automne, entre mi-septembre et mi-octobre, le sol étant bien réchauffé, la germination du gazon s'effectue plus rapidement. Le jeune gazon va profiter des pluies d'automne pour se gorger d'eau et s'enraciner profondément, à l'inverse de celui qui, né au printemps, devra affronter les chaleurs de l'été alors qu'il est encore tendre et pas suffisamment étoffé. De plus, vous pourrez profiter dès le printemps d'une pelouse déjà bien installée.

- Labourez le terrain sur 20 centimètres de profondeur à l'aide d'un motoculteur ou d'une bêche et émiettez les mottes de terre à l'aide d'une griffe.
- Nivelez et ratissez pour extraire du sol les derniers cailloux en travaillant en croix (en passant l'outil dans le sens de la largeur, puis dans le sens de la longueur).
- Par temps sec, tassez légèrement le sol à l'aide d'un rouleau ou avec le dos de la bêche pour les petites surfaces.
- Semez à la volée en effectuant deux passages croisés, puis, délicatement, grattez la surface du terrain sur quelques millimètres avec les dents du râteau pour enfouir les graines de gazon.
- Passez le rouleau afin de bien assurer un contact entre les graines et la terre avant d'arroser copieusement en pluie fine et régulière.

Choisir le « bon » gazon

Le critère le plus important reste l'utilisation de votre pelouse : une aire de jeux pour les enfants, une pelouse d'ornement, ou une zone engazonnée pour habiller de grands espaces ne répondent pas aux mêmes impératifs. Une fois votre choix fait, vous trouverez le mélange approprié en jardinerie.

Le second critère est l'exposition. Une pelouse a besoin de beaucoup de soleil pour s'épanouir pleinement. Si vous souhaitez végétaliser un coin ombragé, et même si certaines espèces de graminées résistent à cette exposition, optez plutôt pour une plante couvre-sol.

double page suivante : Merriments Gardens

Glossaire

CHEVELU RACINAIRE
Petites racines fines, comme des cheveux, qui se développent au pied de la plante et absorbent l'eau pour la nourrir.

CRÉPINE
Pièce de tissu, de grillage ou petit bac filtrant perforé, sphérique, cylindrique ou tronconique, que l'on introduit dans la canalisation pour retenir les corps étrangers à l'orifice du tuyau.

CRYPTOGAMIQUES
Se dit des maladies de végétaux causées par des champignons microscopiques.

TURGESCENCE
L'eau que la plante absorbe sert en partie à lui permettre de se tenir droite : c'est le phénomène de turgescence. Lorsque l'eau entre dans la cellule végétale, la vacuole se remplit et grossit, ses membranes se tendent. L'eau exerce une pression sur les parois et donne de la rigidité aux parties souples de la plante (tige, feuille, jeunes pousses...). Si les cellules se vident d'eau, notamment par manque d'arrosage, la turgescence cesse, les vacuoles se rétractent, les parties de la plante s'amollissent et cette dernière se fane et meurt.

JOINT TORIQUE
Joint plein au profil arrondi, c'est-à-dire en forme de tore.

Bibliographie et sites

autour de l'eau et du jardin

Jardiner au naturel :

Une écologie humaniste de G. Clément et L. Jones, éd. Aubanel.
Le Jardin au naturel de F. Couplan et F. Marmy, éd. Bordas.
Le Jardin naturel de J.M. Lespinasse, éd. du Rouergue.
www.univers-nature.com

L'eau dans le jardin et la gestion des eaux de pluie :

Pour un jardin sans arrosage, d'O. Filippi, éd. Actes Sud.
Les Jardins et la Pluie de N. Dunnett et A. Clayden,
éd. du Rouergue
L'architecture écologique de D. Gauzin-Müller, éd. Le Moniteur.
De la maison autonome à l'économie solidaire de P. Baronnet,
éd. La Maison Autonome.
Le Guide malin de l'eau au jardin de J.-P. Thorez,
éd. Terre Vivante.
www.wateryear2003.org
www.jardin-sec.com
www.lagrandeepoque.com
www.actu-environnement.com
http://eauvivante31.free.fr/

Les pelouses :

Prairies fleuries de C. Lloyd, éd. Ulmer.

Les plantes :

Encyclopédie des graminées ornementales de R. Darke,
éd. du Rouergue.

Adresses

Merci à tous les jardiniers qui ont eu la gentillesse de nous ouvrir leurs portes et dont les jardins se visitent et sont une mine d'idées :

Ambiance Jardin (chambres d'hôtes thème jardin)
12 rue de l'Abbé Wendling, 67230 Diebolsheim
Tél. : 03 88 74 84 85
www.ambiance-jardin.com

Jardins de la Ferme bleue (brunchs et visite sur réservation)
21 rue Principale, 67110 Uttenhoffen
Tél. : 03 88 72 84 35 / 06 22 04 71 88
www.jardinsdelafermebleue.com

Festival des Jardins de Chaumont-sur-Loire,
accueil et renseignements :
CIPJP - Ferme du château, 41150 Chaumont-sur-Loire
Tél. : 02 54 20 99 22, Fax : 02 54 20 99 24
E-mail : contact@chaumont-jardins.com

Prieuré d'Orsan
18170 Maisonnais
Tél. : 02 48 56 27 50, Fax : 02 48 56 39 64
www.prieuredorsan.com

Great Dixter
Northiam Rye, East Sussex TN31 6PH UK
Tél. : 01797 252878, Fax : 01797 252879
www.greatdixter.co.uk

Maison de Robert Schuman
8 rue Robert Schuman, 57160 Scy-Chazelles
Tél. : 33 (0)3 87 60 19 90, Fax : 33 (0)3 87 60 29 74
www.centre-robert-schuman.org

Festival des patios de Cordoue
www.patiosdecordoba.net

Jardin d'Anne-Marie
2 rue du 8 mai 1945, 91510 Lardy
Tél. : 01 60 82 30 63
www.jardin-de-chandoysel.com

Atelier 11/10e (créations métalliques pour le jardin)
Hameau de Masse, 21190 Corcelles-les-Arts
Tél. : 03 80 21 46 83

Christine Koppe-Schleef (sculpture en grès pour le jardin)
5 rue des Fraises, 57160 Rozérieulles
Tél. : 03 87 60 45 12

Kemp Town Enclosures
Brighton, Sussex, Royaume-Uni

Merriments Gardens
Hawkhurst Road, Hurst Green, East Sussex TN19 7RA
Tél. : 01580 860666, Fax : 01580 860324
www.merriments.co.uk

Mas dou Pastre (chambre d'hôte avec jardin)
13810 Eygalières
Tél. : 04 90 95 92 61 www.masdupastre.com

La Maison dans les chênes verts (chambres d'hôtes, jardin)
Champs des Baumes, 30700 Aigaliers.
Tél. : 04 66 03 64 35, www.leschenesverts.net

Poterie de Sampigny
Moulin Pignot, 71150 Sampigny-lès-Maranges
Tél. : 33 (0)3 85 91 12 99, Fax : 33 (0)3 85 91 12 99
www.poterie-fresnais.fr

Les Buis de Lussan
Rue de la Ritournelle, 30580 Lussan
Tél. : 33 (0)4 66 72 88 93, Fax : 33 (0)4 66 72 88 93
Tél. 2. : 33 (0)6 79 72 53 27
http://buisdelussan.free.fr

Les Jardins de Viels-Maisons
02540 Viels-Maisons
Tél. : 03 23 82 62 53
www.jardins-vielsmaisons.net

Château de Raissac
Route de Lignan-sur-Orb, 34500 Béziers
Tél. : 04 67 28 15 61, e-mail : info@raissac.com
www.raissac.com

Le Clos de la Fontaine (maison d'hôte avec jardin)
Rue du Lavoir, 30330 Saint-Laurent-la-Vernède
Tél. : 33 (0) 466 729 585, Fax : 33 (0) 466 729 571
www.closdelafontaine.com

Le Jardin aux abeilles
Quartier Chiffe, 26740 Marsanne
Tél. : 33 (0)4 75 90 31 31
www.jardinauxabeilles.com

■ ■ ■

Paysagistes et décorateurs :

Christophe Courtois, paysagiste
51 rue du Fg Saint-Antoine, 75011 Paris
Tél. : 01 44 74 00 28

Christophe Valayé
christophevalaye@aol.com

Gérard Faivre, décorateur
www.gerardfaivre.com

Achevé d'imprimer en novembre 2007
sur les presses de l'imprimerie Moderne de l'Est à Baume-les-dames.
ISBN : 978-2-7006-0534-1
Dépôt légal : mars 2008
Imprimé en France.